Einsterns Schwester

4

Themenheft 4

Lesen – mit Texten und weiteren Medien umgehen

Herausgegeben von
Roland Bauer, Jutta Maurach

Erarbeitet von
Wiebke Gerstenmaier, Sonja Grimm

Cornelsen

Inhaltsverzeichnis

So kannst du mit den Heften arbeiten

Du machst alle Seiten der Lernportion 1.

Zuerst im grünen Heft.

Dann im roten Heft.

Dann im gelben Heft.

Und dann im blauen Heft.

Danach machst du in allen Heften die Lernportion 2.

Nun machst du in allen Heften die Lernportion 3.

Genauso bearbeitest du alle anderen Lernportionen.

1 Kreuz und quer lesen

1 Finde in jedem Wort den Anfangsbuchstaben. Folge den Linien mit den Augen. Schreibe die Wörter auf.

Heft 4, S. 5 ①
A: Kombüse, …

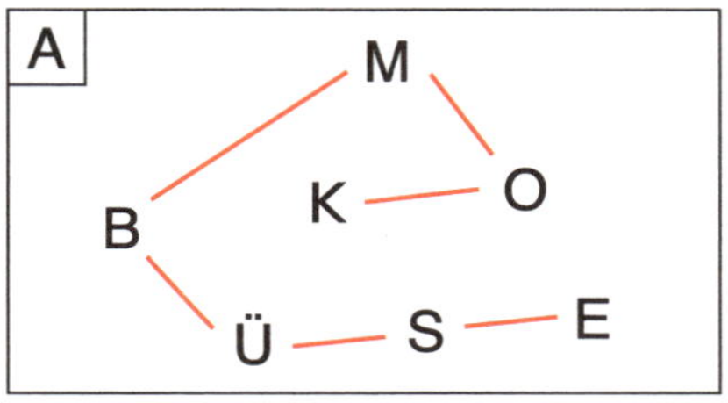

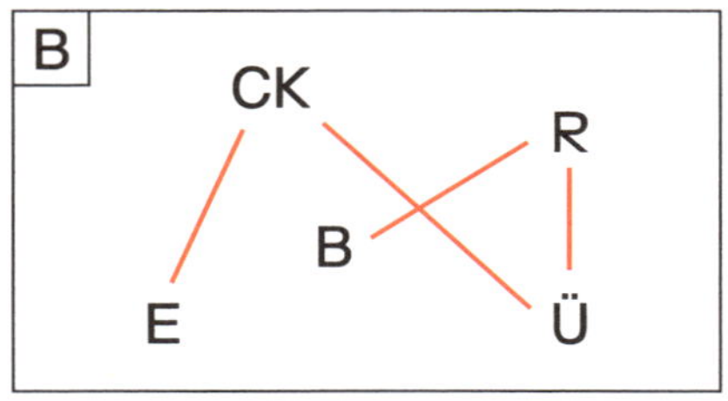

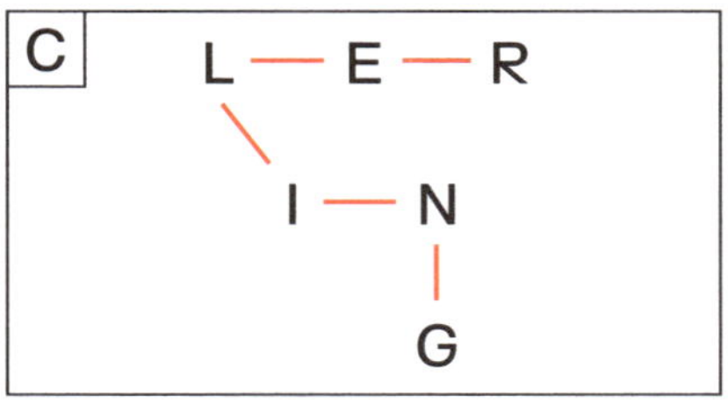

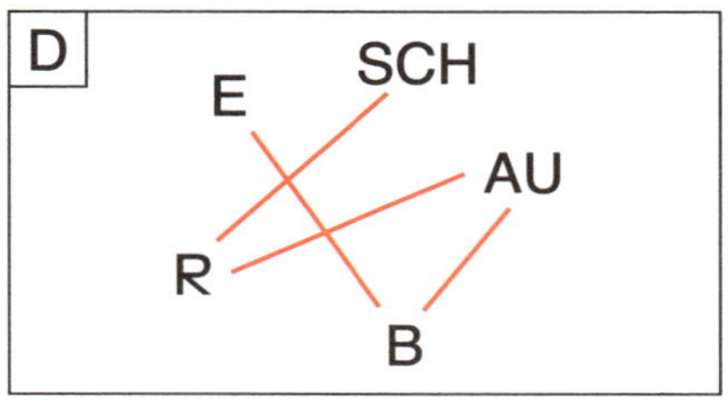

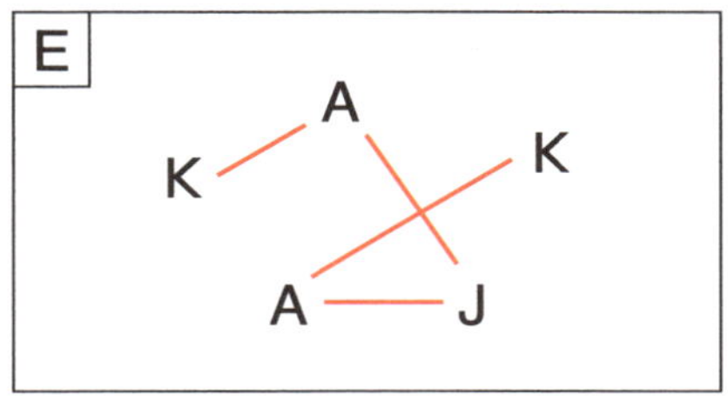

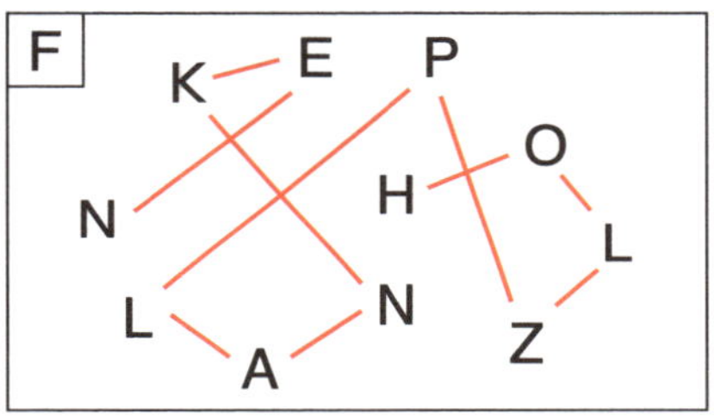

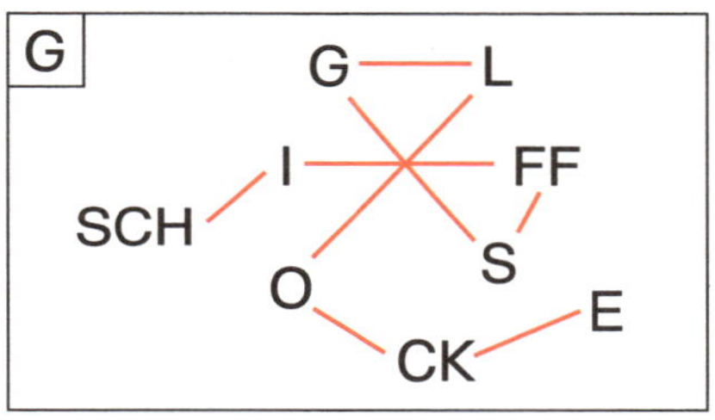

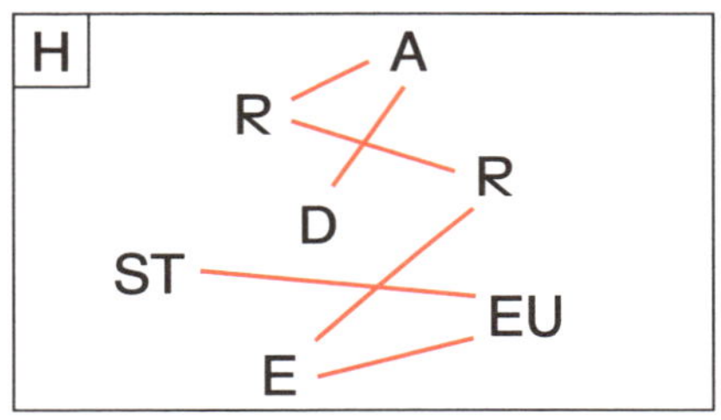

2 Folge den Pfeilen und lies Wort für Wort.
Lies einem Partnerkind vor.

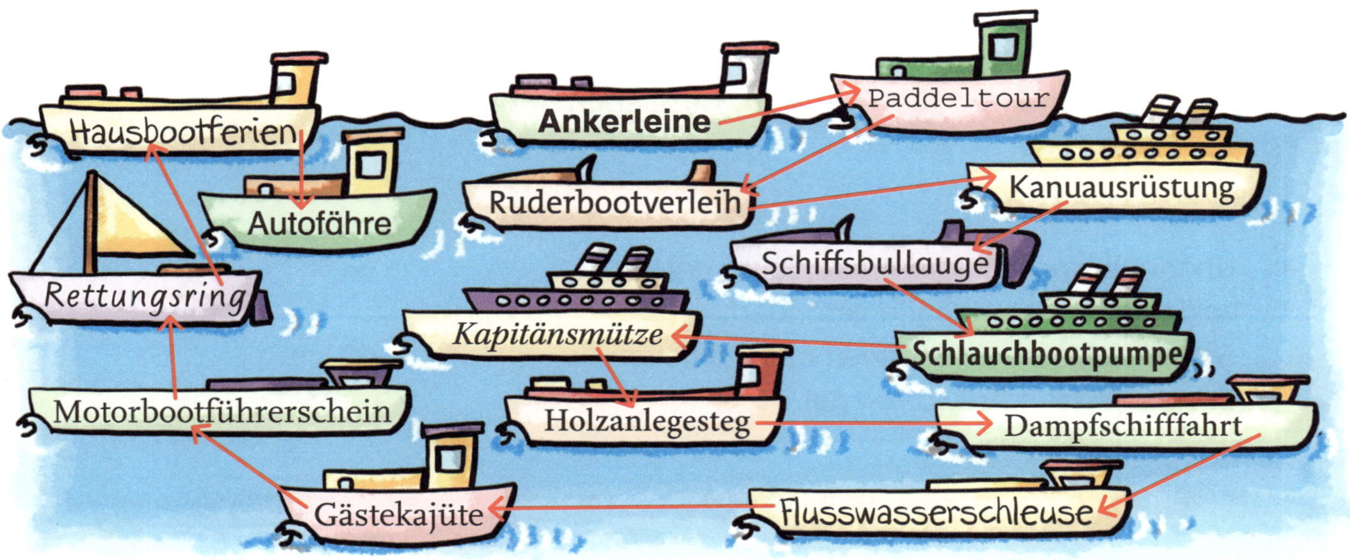

1 Betont lesen

1 Lies die Absätze mit einem Partnerkind.
Einer fragt, einer antwortet.
Achtet dabei auf die richtige Betonung der **fett gedruckten** Wörter.
Tauscht dann die Rollen.

Magst du ein Brötchen mit Marmelade? – Nein, ich mag ein Brötchen mit **Käse**.
Magst du ein Brot mit Käse? – Nein, ich mag ein **Brötchen** mit Käse.
Magst du ein Brötchen mit Käse? – Nein, ich mag **zwei** Brötchen mit Käse.

Hast du eine schwarze Katze? – Nein, ich habe eine **weiße** Katze.
Gehört dir dieser weiße Hund? – Nein, ich habe eine weiße **Katze**.
Hat Tina eine weiße Katze? – Nein, **ich** habe eine weiße Katze.

2 Lest die Fragen und Antworten zuerst leise.
Überlegt, welches Wort in der Antwort betont wird.
Lest nun abwechselnd mit verteilten Rollen.

Streitest du oft mit Anne? – Nein, Anne ist meine beste Freundin.
Magst du Jana aus der 4b am liebsten? – Nein, Anne ist meine beste Freundin.
Anne ist jetzt wohl Mias beste Freundin? – Nein, Anne ist meine beste Freundin.

Fahrt ihr morgen in den Urlaub? – Nein, wir fahren nächste Woche in den Urlaub.
Fahrt ihr in die Berge? – Nein, wir fahren ans Meer.
Fahrt ihr in den Süden? – Nein, wir fliegen in den Süden.

3 Überlege, wie sich die Frage durch unterschiedliche Betonungen verändert.
Schreibe die verschiedenen Möglichkeiten mit passenden Antworten auf.

Heft 4, S. 6 ③
Gehst du heute mit Tom ins Kino? –
Nein, ich ...

Gehst du heute mit Tom ins Kino?

1 Einen Text mit vertauschten Zeilen lesen

1 Lies den Text in der richtigen Reihenfolge.
Die Buchstaben am Rand
ergeben dann den Namen eines
pflanzenfressenden Dinosauriers.

T Die Zeit, in der die Dinosaurier die Erde beherrschten, wird
I Jahren riesige Echsen mit langen Hälsen in Sümpfen und
R Erdmittelalter genannt. Hier lebten vor etwa 200 Millionen
C Wäldern. Diese Landlebewesen, zu denen auch der gigantische
R ernährten sich von Farnblättern, Sumpfpflanzen oder den Ästen
E Brontosaurus zählt, waren friedliche Pflanzenfresser. Sie
T kleine Saurier, aber auch große Räuber mit messerscharfen
A hoher Nadelbäume. Unter den Fleischfressern gab es flinke
P zogen Flugsaurier ihre Bahnen und hielten nach Meerestieren
O Zähnen und spitzen Krallen, wie den Allosaurus. Am Himmel
S oder kleineren Echsen Ausschau.

2 Lies den Text einem Partnerkind so vor, dass es nicht merkt,
wenn du in eine neue Zeile wechselst.

3 Löse das Silbenrätsel mit Hilfe des Textes aus 1.
Nutze dazu die Silben im gelben Kasten.

Heft 4, S. 7 ③
1. All...
2. ...

1. Name dieses Dinosauriers →

2. Fliegende Reptilien
3. Anderer Name für Räuber
4. Eine Nahrungsquelle des Brontosaurus
5. Beute von fliegenden Sauriern
6. Zeit, in der Dinosaurier lebten

AL	AL	BLÄT	ER	ERD
FARN		FLEISCH		FLUG
FRES	LO	MEE	MIT	RE
RES	RI	RUS	SAU	SAU
SER	TEL	TER	TER	TIE

1 Genau und flüssig lesen

1 Suche dir ein Partnerkind.

– Lest euch den Text **gegenseitig** vor.

– Lest den Text leise **gemeinsam** im Chor.

– Lest den Text **abwechselnd**.
Ein Kind beginnt zu lesen und hört an einer beliebigen Stelle auf. Das andere Kind liest nun weiter und stoppt ebenfalls an einer beliebigen Stelle und so weiter.

Unter einer Hexe stellen sich die meisten Leute ein runzeliges, dürres altes Weiblein vor, das einen großen Buckel auf dem Rücken schleppt, viele borstige Warzen im Gesicht und nur einen einzigen langen Zahn im Mund hat.
Aber heutzutage sehen Hexen meist ganz anders aus. Tyrannja Vamperl war jedenfalls das genaue Gegenteil von all dem. Zwar war sie verhältnismäßig klein, aber dafür war sie unglaublich fett. Sie war buchstäblich so hoch wie breit. Ihre Garderobe bestand aus einem schwefelgelben Abendkleid mit allerhand schwarzen Streifen, so dass sie wie eine überdimensionale Hornisse aussah. (Schwefelgelb war nämlich ihre Lieblingsfarbe.) Sie war über und über mit Schmuck und Juwelen behängt, sogar ihre Zähne waren aus Gold, mit blitzenden Brillanten als Plomben. Jedes einzelne ihrer dicken Wurstfingerchen war mit Ringen besteckt und sogar ihre langen Fingernägel waren vergoldet. Auf ihrem Kopf saß ein Hut von der Größe eines Autoreifens, an dessen Krempe hunderte von Geldstücken klimperten. Ihr Mopsgesicht mit dicken Tränensäcken und den schlaffen Hängebacken war so stark geschminkt, dass es einer kosmetischen Schaufensterauslage glich. Als Handtäschchen trug sie einen kleinen Tresor mit Nummernschloss unter dem Arm.

Michael Ende

2 Zeichne Tyrannja Vamperl aus dem Gedächtnis so genau wie möglich. Kontrolliere mit dem Text.

Heft 4, S. 8 ②
…

1 Zusammenhänge erkennen

1 Ordne jedem Text das passende Bild zu.
So erhältst du ein Lösungswort.

Heft 4, S. 9 ①
1=B, ...

ein weißes Gummibärchen, ein grünes Gummibärchen, ein gelbes Gummibärchen, ein blauer Gummibert, aber kein rotes Gummibärchen	1
ein weißes Gummibärchen, ein rotes Gummibärchen, ein grünes Gummibärchen, ein gelbes Gummibärchen, aber kein Gummibert	2
ein lila Gummibert, ein rotes Gummibärchen, ein grünes Gummibärchen, ein weißes Gummibärchen, aber kein gelbes Gummibärchen	3
ein grünes Gummibärchen, ein weißes Gummibärchen, ein rosa Gummibert, ein rotes Gummibärchen, aber kein gelbes Gummibärchen	4
ein grünes Gummibärchen, ein rosa Gummibert, ein rotes Gummibärchen, ein gelbes Gummibärchen, aber kein weißes Gummibärchen	5
ein weißes Gummibärchen, ein rotes Gummibärchen, ein gelbes Gummibärchen, ein lila Gummibert, aber kein grünes Gummibärchen	6
ein blauer Gummibert, ein gelbes Gummibärchen, ein rotes Gummibärchen, ein grünes Gummibärchen, aber kein weißes Gummibärchen	7
ein grünes Gummibärchen, ein weißes Gummibärchen, ein oranger Gummibert, ein gelbes Gummibärchen, aber kein rotes Gummibärchen	8

E

C

B

E

N

A

H

R

1 Ein Leserätsel lösen

1 Löse das Leserätsel.

a) Übertrage die Zeichnung auf ein DIN-A4-Blatt. Trage die Beschriftung daneben ein.

b) Lies die Sätze. Zeichne die Instrumente und Tiere richtig in das Haus ein. Schreibe die Namen der Bewohner auf die Namensschilder.

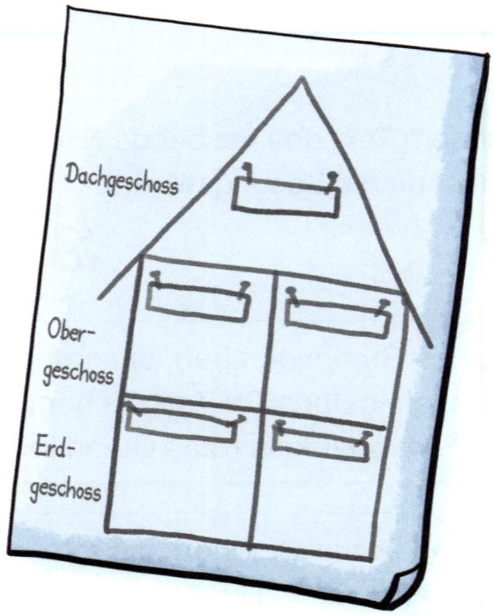

- Die Bewohner des Hauses heißen Böhl, Braun, Malinsky, Paschulte und Hinz.
- Herr Böhl kann keine Treppen steigen.
- Die Wohnung mit der Katze ist nicht neben der Wohnung mit der Schildkröte.
- In der Erdgeschosswohnung unten links steht ein Vogelkäfig.
- Herr Hinz wohnt im Obergeschoss, aber nicht über Herrn Böhl.
- Die Wohnung mit den Fischen ist direkt über den Wohnungen mit der Katze und dem Hund.
- Außer dem Dirigenten spielen die Herren des Hauses Klavier, Gitarre, Geige und Trompete.
- In der Erdgeschosswohnung unten rechts wohnt Herr Paschulte.
- Herr Malinsky liebt Katzen.
- Herr Braun hat ein Aquarium.
- Herr Paschulte mag keine Saiteninstrumente.
- Der Herr in der Dachwohnung spielt Klavier.
- Der Bewohner der rechten Obergeschosswohnung spielt weder Geige noch Trompete.
- Herr Böhl ist Dirigent.

1 Über das eigene Lernen nachdenken

Stelle deine erste Lernraupe fertig.
Suche dir jemanden aus,
mit dem du deine erste Lernraupe
besprechen willst.

Ende:

2 Einen Lexikoneintrag verstehen

1 Finde heraus, welche vier Begriffe auf dieser Lexikonseite erklärt werden.

Heft 4, S. 12 ①
★: Au… ★: …

★ ist eigentlich die Abkürzung für ★mobil, das heißt Selbstbeweger. Carl Benz und Gottlieb Daimler hatten es gleichzeitig, im Jahr 1886, geschafft: Sie bauten jeder ein Fahrzeug, das nicht mehr von Pferden gezogen werden musste. Es brauchte keine Schienen wie die schweren Dampflokomotiven, die es schon vorher gab. Der Benz-Motorwagen war noch ein Dreirad. Viele Leute hielten ihn anfangs für Zauberspuk.

★: Wenn bei einem Musikfest ein bekannter Sänger auftritt, bitten Fans ihn um ein ★, das heißt um eine eigenhändige Unterschrift. Auch Sportler, Filmschauspieler und Schriftsteller werden um ★e gebeten. Leute, die ★e sammeln, nennt man ★jäger.

★: Ein ★ ist eine → Maschine, die ohne menschliches Eingreifen eine Arbeit verrichtet. ★en begegnen uns in vielen Formen, z. B. Kaugummi★en, Computer oder sogar ★en, die Autos zusammenbauen.

★: Ein ★ schreibt Texte und Bücher. Niemand darf seine Schriftstücke veröffentlichen, ohne den Namen des ★s zu nennen.

2 Schreibe für jeden Begriff ein anderes Wort mit gleicher Bedeutung oder eine kurze Erklärung auf.

Heft 4, S. 12 ②
A: Pkw
B: Ein … ist …

3 Wähle ein Stichwort. Schreibe einen eigenen Lexikontext.

Pippi Langstrumpf | Fingerabdruck | Dirigent | …

Heft 4, S. 12 ③
…

4

2 Einen Zeitungsartikel lesen und verstehen

1 Lies den Zeitungsartikel mit den markierten Lupenwörtern.

Verfängliche Linien

Jeder Fingerabdruck ist einzigartig – doch warum haben die Finger überhaupt Rillen?

VON REGINE WARTH

Diese Linien und Buchten, Schlaufen und Rillen sind einzigartig – und damit sehr verräterisch. Jeder Mensch kann an den sogenannten Papillarlinien an seinen Fingern und auf der Handinnenfläche ausgemacht werden. Das ist der Grund, warum beispielsweise Diebe Handschuhe tragen, wenn sie etwas stehlen – damit ihnen keiner auf die Schliche kommt. Erst recht nicht die Polizisten, die an Tatorten vor allem nach einem suchen: nach verräterischen Fingerabdrücken. Schuld an dem verfänglichen Muster der Finger, das jeder Mensch auf allem hinterlässt, was er anfasst, ist eine Mischung aus Schweiß, Fett und Talg. Wie Stempel drücken die Finger bei jeder Berührung diese fast unsichtbare Mischung auf Türklinken, Stuhllehnen und Becher – und damit auch das Muster der Fingerrillen. Es braucht lediglich etwas Rußpulver, das Polizisten mit einem Pinsel auftragen, um den Abdruck sichtbar zu machen. Denn das Gemisch aus Talg und Schweiß wirkt wie ein Klebstoff, an dem das feine Pulver hängen bleibt. So braucht die Polizei nur vergleichen, zu welchem Langfinger der Abdruck passt.

Die Muster eines jeden Fingers sind einmalig, man kann sie nur einem Menschen zuordnen

Daktyloskopie nennt sich das Fachwort für dieses Verfahren, was aus dem Griechischen übersetzt nichts anderes als „Fingerschau" bedeutet. Und an Vergleichen für diese Fingerschau mangelt es nicht: Das Bundeskriminalamt hat eine Fingerabdruck-Sammlung von mehr als drei Millionen Personen. Doch so einfach das Verfahren eigentlich ist, die Menschen anhand ihrer Fingerabdrücke zu erkennen, so lange hat es gedauert, bis es überhaupt erst entdeckt wurde. Erst Ende des 19. Jahrhunderts, im Jahr 1888, bewies der englische Wissenschaftler Francis Galton die Einmaligkeit der Fingerrillen. Dank seiner Forschung war klar, wie gering die Wahrscheinlichkeit ist, dass sich die Fingermuster zweier Menschen gleichen können. Sie liegt bei 1 zu 64 Milliarden, also 1 : 64 000 000 000. Wissenschaftlich gesehen passiert das also nie. Ein Grund, warum manche Türen in großen Firmen oder Banken sich nur per Fingerabdruck öffnen lassen: Ein Computer fotografiert die Papillarlinien ab und gibt den Weg nur frei, wenn das Muster mit einem der gespeicherten Fingerabdrücke übereinstimmt.

Schuhe haben ein Profil, damit man nicht ausrutscht, auch die Fingerrillen geben mehr Halt

Jeder Finger hat seinen unverwechselbaren Abdruck, der sich auf keinem anderen Finger wiederholt – nicht mal auf denen der eigenen Hand. Inzwischen wissen Wissenschaftler, dass sich die Muster der Finger schon entwickeln, wenn der Mensch noch nicht mal auf der Welt ist, sondern noch als winziges Embryo im Bauch der Mutter liegt. Ob die Rillen sich gabeln, Schlaufen drehen oder zu Wirbeln werden, entscheidet sich rein zufällig. Eine Laune der Natur, sagen daher manche zu diesem Vorgang. Dabei hat sich die Natur schon etwas gedacht, als sie die Fingerkuppen mit einem Muster überzog. Wie Autoreifen oder Schuhsohlen ein Profil besitzen, um nicht ins Rutschen zu kommen, so haben auch die Finger dank ihrer Rillen einen sicheren Griff. Das war vor Jahrtausenden noch wichtig, als die Vorfahren der Menschen noch durch die Bäume turnten. Und auch heute kann jeder Zoobesucher die Griffsicherheit bewundern – wenn er vor dem Affengehege steht. Denn Schimpansen oder Gorillas haben ebenfalls Papillarlinien an Händen und Füßen.

Die Rillen loszuwerden ist unmöglich – sie wachsen wieder nach

Ohne diese Linien wären die Menschen zudem heute etwas weniger feinfühlig: Wissenschaftler haben nämlich herausbekommen, dass die Muster an den Fingerkuppen auch dazu dienen, feinste Unebenheiten zu ertasten. Unebene Finger sind einfach empfindlicher als glatte. Jedoch hat schon so mancher versucht, die Rillen einzuebnen – indem er sich die Fingerkuppen wegoperieren ließ. Einer soll sogar der berüchtigte amerikanische Ganove Al Capone gewesen sein. Ohne Fingerrillen, so dachte er sich wahrscheinlich, würde er nie überführt werden können. Doch im Gegensatz zur Polizei lässt sich die Natur nicht austricksen: Die Rillen wachsen nämlich unverändert nach.

2 Finde die Fremdwörter für die Erklärungen A und B im Text und schreibe sie richtig auf.

Heft 4, S. 13 ②
A: ...
B: ...

A So heißen die einmaligen Rillen an den Fingern und auf den Handinnenflächen.

B Das ist das griechische Fremdwort für das Verfahren, einen Fingerabdruck zu nehmen und zu untersuchen.

3 Trage mit Hilfe der markierten Wörter vor, was du in dem Artikel erfahren hast.

→ AH Seite 17

2 Das Internet nutzen

Wenn ich **mehr über ein Thema wissen** möchte, suche ich auch im **Internet** nach Informationen.
Ich gebe in die Adressleiste die Adresse einer Kindersuchmaschine ein.
Dann schreibe ich in das Eingabefeld meinen Suchbegriff.
Die Suchmaschine zeigt mir verschiedene Treffer (= Seiten) zu meinem Thema.

So könnte die Trefferseite nach einer Suche im Internet aussehen.

TeddysWELT

Kuschelweich
Man muss kein Kind sein, um einen Teddybären als Freund zu haben. Viele Erwachsene sammeln Teddybären in allen Größen und Fellfarben. Seit vielen Jahrzehnten ist der knuddelige Kerl aus keinem Haus mehr wegzudenken. Doch wie kam der Teddybär überhaupt zu seinem Namen und wo wurden die ersten Bären hergestellt?

Der erste Teddybär Klicke hier.

Wissenswertes zum Namen Klicke hier.

So werden Teddybären hergestellt Klicke hier.

Chatroom: Registriere dich hier mit Namen und Anschrift.

Foto-Wettbewerb: Lade hier ein Foto von dir und deinem Teddy hoch.

Teddy-Gewinnspiel! Jeder zehnte Besucher gewinnt. Gib hier Namen und Geburtsdatum ein.

TeddyBär – das lustige Bärenspiel. Gleich hier zum günstigen Preis bestellen!

1 Besprich die Homepage mit einem Partnerkind.
Vervollständigt die Sätze und lest die passenden Aussagen vor.

- Auf der Internetseite erfährt man etwas über Teddybären / Zootiere.
- Der Name der Homepage ist LolasWELT / TeddysWELT.
- Die Homepage ist eine Wissensseite / Rätselseite.
- Auf der Seite gibt es eine Anleitung für ein Spiel / eine Werbung für ein Spiel.

2

2 Lest den Informationstext.
Besprecht die Bedeutung der hervorgehobenen Begriffe.
Ihr könnt auch das Internet oder ein Lexikon nutzen.

Sicherheit im Netz

Das Internet ist eine sehr praktische Sache. Ein paar Klicks mit der Maus und die ganze Welt rückt in greifbare Nähe. Beim Surfen im Internet gibt es aber auch Gefahren und auf diese solltest du vorbereitet sein.

Aufgepasst beim Herunterladen von Spielen, Musik oder Handy-Klingeltönen! Durch einen solchen **Download** können hohe Kosten entstehen, die oft über die Telefonrechnung bezahlt werden.

Ebenso solltest du niemals ohne Absprache mit deinen Eltern persönliche Daten wie Name, Geburtsdatum und Adresse angeben. Gerade in einem **Chatroom** oder beim **Online-Shopping** wird dies oft verlangt.

Auch das Hochladen von Fotos, auf denen du oder andere zu sehen sind, kann gefährlich werden. Sobald ein Foto ins Internet gestellt wird, kann jeder darauf zugreifen und das Bild beliebig weiterverwenden.

Wenn man einen **Link** öffnet oder Dateien herunterlädt, können **Viren** auf den Computer gelangen. Diese beschädigen die **Software** oder ermöglichen fremden Personen unerlaubten Zugang zum Rechner. Diese sogenannten **Hacker** können dann private Daten lesen und sogar Informationen über ein Bankkonto oder eine Kreditkarte bekommen.

Am besten ist es, wenn dir deine Eltern eine Startseite für Kinder einrichten. Dort findest du Texte, Bilder und Filme zu interessanten Themen, Kino- und Fernsehtipps, Nachrichten und Spiele und kannst sicher im Internet surfen.

3 Formuliert vier eigene Regeln für das Surfen im Internet.

Heft 4, S. 15 ③
Aufgepasst im Netz!
Ich …

4 Tauscht euch darüber aus, an welchen Stellen der Homepage auf Seite 14 ihr aufpassen müsst.

2 Verschiedenen Quellen Informationen entnehmen

1 Lies die Informationen zum Thema Zeppelin.

aus dem Internet

Startseite
Aktuell
Infonetz
Community
Quiz
Videobox

Zeppelin

Gigant am Himmel

Ankunft in New York

Als sich am 2. Juli 1900 in Friedrichshafen die Tore einer schwimmenden Halle auf dem Bodensee öffneten, hielten Tausende den Atem an. Sie sahen einen gigantischen Zeppelin, der kurz darauf in die Luft stieg.

Fast 30 Jahre später, am 11. Oktober 1928, brach das Luftschiff "Graf Zeppelin" zu einem Transatlantik-Flug auf: von Friedrichshafen in die USA. Damit startete der erste regelmäßige Linienverkehr über den Atlantik.

Graf Zeppelin

Die "Graf Zeppelin" ist benannt nach Ferdinand Graf von Zeppelin. Er baute das erste brauchbare Luftschiff.

Bis zum Start der "Graf Zeppelin" wurden Zeppeline allerdings nur zu militärischen Zwecken benutzt.

Der größte Erfolg in der Geschichte der Zeppelin-Fahrt war die Weltumrundung 1929.

Nach 21 Tagen, fünf Stunden und 31 Minuten landete Hugo Eckener, der ehemalige Kommandant der "Graf Zeppelin", auf sicherem Boden in Lakehurst, New Jersey.

Die "Hindenburg" kurz vor dem Unglück

Nach einigen schweren Unglücken wurde die Luftfahrt mit Zeppelinen in den USA und Großbritannien aber bald wieder eingestellt. Als 1937 die "Hindenburg" verunglückte, stellte auch Deutschland den Luftverkehr ein.

Die "Hindenburg" war 245 Meter lang und das größte Luftschiff der Welt. Sie war ein Aushängeschild deutscher Technologie im Dritten Reich und wurde von den Nationalsozialisten für Propaganda-Zwecke genutzt. Von ihrem ersten Start am 4. März 1936 bis zu dem Unglück machte die Hindenburg 63 Fahrten.

Heute gibt es wieder Zeppeline und sobald einer am Himmel auftaucht, wird er bestaunt.

Deshalb nutzen viele Firmen die riesigen Gefährte für ihre Werbung.

Inzwischen kann man auch wieder mit Zeppelinen mitfahren. Zum Beispiel mit dem "Zeppelin NT" am Bodensee. So eine Rundfahrt kostet aber einige hundert Euro.

Zeppelin mit Werbung

Autorin: Constance Schirra

Letzte Änderung am 03. März 2011

aus einem Lexikon

Luftschiff: Luftschiffe sind längliche Ballons mit fester Außenhaut und Motorantrieb. Sie werden von einer Gasfüllung in der Luft schwebend gehalten. Der mit Gas gefüllte Ballon ist leichter als der gleiche Bal-

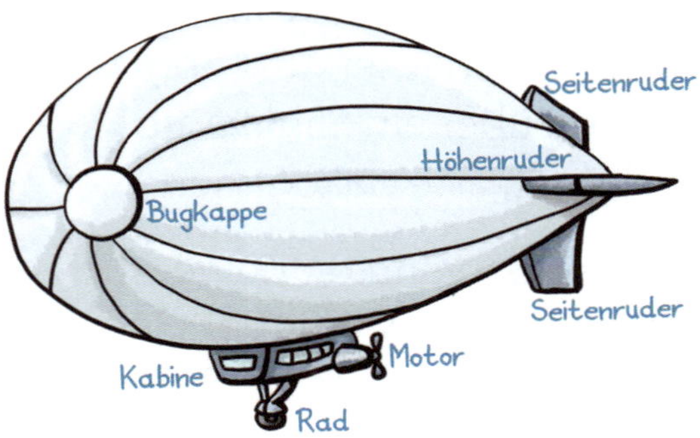

lon voll Luft. Deshalb schwebt er in der Luft und kann sogar noch eine Kabine mit Menschen oder Frachten mittragen. Viele sagen zu einem Luftschiff auch *Zeppelin*, weil das erste brauchbare Luftschiff von Graf von Zeppelin gebaut worden war. Es war 128 Meter lang und startete am 2. Juli 1900. Die zwei 15-PS-Motoren brachten es auf 32 km/h.

aus einer Bildunterschrift

Aufenthaltsraum im Luftschiff „Graf Zeppelin". Luftschiffe wurden auch fliegende Hotels genannt.

→ AH Seite 18

2

aus einer Kinderzeitung

Graf Zeppelin war Erfinder und Pilot des ersten Zeppelins.

1929 flog die „Graf Zeppelin" in 21 Tagen um die Erde.

Die Überreste der Hindenburg
Der damals größte Zeppelin stürzte 1937 ab.

Der Zeppelin

Der 2. Juli 1900 war ein aufregender Tag. Eine riesige Menschenmenge hatte sich am Bodensee versammelt, um den ersten Zeppelin bei seinem Probeflug zu beobachten. Als das gewaltige Luftschiff LZ 1 mit fünf Passagieren rund 400 Meter hoch in den Himmel aufstieg, hielten viele Leute den Atem an. Schon nach 18 Minuten musste das LZ 1 auf dem Bodensee notlanden. Trotzdem: Das Zeitalter der Zeppeline hatte begonnen. Bis 1938 wurden 119 gebaut. Benannt wurde das längliche, zigarrenförmige Luftschiff nach seinem Erfinder, dem Deutschen Ferdinand Graf von Zeppelin. Das Bauprinzip ist einfach: Die Hülle des Zeppelins wird mit einem Gas befüllt, das leichter ist als Luft. Dadurch erhält der Zeppelin Auftrieb und schwebt wie ein großer Luftballon in den Himmel. Für den Antrieb sorgen Propeller. Nachdem 1937 ein riesiger Zeppelin, die Hindenburg, abgestürzt war, wurde die Luftschifffahrt für viele Jahrzehnte eingestellt. Heute baut man kleinere Luftschiffe als früher. Traurig: Im Juni fing ein kleines Luftschiff bei einer Veranstaltung in Hessen Feuer und stürzte ab. Der Pilot kam ums Leben.

2 Schreibe Stichwörter zu den vier Überschriften auf vier Karteikarten.
Diese Fragen helfen dir dabei:

Was ist ein Luftschiff?
Wie ist es gebaut?
Wie funktioniert es?
Warum sagt man zu Luftschiffen auch Zeppelin?

Das ist ein Luftschiff

Wozu wurden Luftschiffe früher verwendet?
Wozu werden Luftschiffe heute verwendet?

Einsatzbereiche von Luftschiffen

Wann wurde das erste Luftschiff gebaut?
Wer hat es gebaut?
Wie schnell war es?
Wie war der erste Flug?

Das erste Luftschiff

Wann passierte es?
Wie hieß das Luftschiff?
Was passierte danach mit der Luftschifffahrt?

Das große Unglück

2 Einen Vortrag mit Hilfe von Stichwörtern halten

So bereitest du einen Vortrag mit Hilfe von Karteikarten vor:

1. **Ordne deine Notizen:**
   Überlege, mit welchen Informationen du beginnen möchtest.
   Bringe deine Karteikarten in eine **sinnvolle Reihenfolge** und nummeriere sie.
2. **Prüfe die Stichwörter** auf den Karteikarten:
   Sind deine Notizen übersichtlich? Was ist besonders wichtig?
   Überlege dir zu den Stichwörtern **ganze Sätze**.
3. **Überlege dir einen Einleitungssatz** für deinen Vortrag. Du kannst ihn auf die Rückseite der ersten Karteikarte schreiben.
4. **Übe deinen Vortrag** mehrmals, bis du dich sicher fühlst. Nutze die Karteikarten als Spickzettel.

1 Lies den Text.
Ergänze deine Karteikarten mit weiteren Informationen.

Das große Unglück von 1937

Zum zehnten Mal fährt das Luftschiff Hindenburg am 6. Mai 1937 von Frankfurt am Main nach Lakehurst (USA). An Bord befinden sich 31 Passagiere und 61 Besatzungsmitglieder. Wegen des stürmischen Wetters hat das Luftschiff bereits zwölf Stunden Verspätung, als der Kapitän zur Landung ansetzt. Plötzlich bricht in einer der mit Wasserstoff gefüllten Zellen ein Feuer aus und die Hindenburg geht vor den Augen der Zuschauer und Wartenden in Flammen auf. Gemeinsam mit dem Bodenpersonal versucht der Kapitän die Menschen an Bord zu retten. Immer wieder läuft er in die Flammen und erleidet schwere Gesichtsverbrennungen. 36 Menschen kommen bei dem Unglück ums Leben.

Die Hindenburg verbrennt kurz nach einem missglückten Landemanöver in Lakehurst, Ostküste der USA.

2 Bereite mit Hilfe deiner Karteikarten einen Vortrag zum Thema Zeppelin oder zu einem Thema deiner Wahl vor. Übe deinen Vortrag mehrmals und halte ihn dann vor der Gruppe.

2 Ein Informationsplakat gestalten

1

2 Über das eigene Lernen nachdenken

Stelle deine Lernraupe fertig.
Suche dir jemanden aus,
mit dem du deine Lernraupe
besprechen willst.

Ende:

3 Überschriften und Bilder nutzen

So kann ich einen Überblick über unbekannte Texte bekommen:

1. Ich lese die **Überschrift** und schaue mir die **Bilder** an. So erhalte ich erste Informationen zum Textinhalt.
2. Ich lese die **Zwischenüberschriften**. Eine Zwischenüberschrift informiert oft über den Inhalt des folgenden Absatzes.
3. Ich überfliege die **Absätze**. Damit ein Text übersichtlich wird, ist er in deutlich voneinander getrennte Teile, die Absätze, gegliedert. In einem Absatz steht, was inhaltlich zusammengehört. Ich rutsche mit den Augen von Zeile zu Zeile und lese nicht jedes Wort.

1 Verschaffe dir einen Überblick über den Text auf Seite 22.

a) Lies nur die Überschrift des Textes. Notiere sie.

b) Schreibe auf, worum es im Text vermutlich geht.

c) Sieh dir die Bilder an. Wähle die passende Bildunterschrift aus und schreibe sie auf.

Heft 4, S. 21 ①
a) Überschrift: Die …
b) Es geht in dem Text um …
c) Bild 1: …

1	2	3	4
Dschungel	Riesenblume	Artenschutz	Eine Weltkarte
Nadelwald	Kaktus	Zerstörung	Ein Netzplan
Steppe	Baumriese	Ureinwohner	Ein Stadtplan

3 Absätze als Orientierungshilfe nutzen

Die grüne Lunge unserer Erde

Die Regenwälder der Erde erstecken sich entlang des **Äquators** in Süd- und Mittelamerika, Afrika, Asien und Australien. Hier ist es das ganze Jahr über feucht und die Pflanzen wachsen in Hülle und Fülle. Etwa drei Viertel aller Tier- und Pflanzenarten kommen im Regenwald vor. Jahreszeiten wie bei uns gibt es in den **Tropen** nicht.

Tropische Regenwälder sind in mehreren **Etagen** aufgebaut. Dies sind Schichten aus Pflanzen, die wie die Stockwerke eines Hauses in die Höhe ragen.
Im untersten Stockwerk wachsen kleine Pflanzen wie Kräuter, Farne und Sträucher, die mit wenig Licht auskommen. Im mittleren Stockwerk ist es noch sehr schattig. Hier finden kleinere oder jüngere Bäume ihren Platz. Eine Schicht darüber befindet sich das Kronendach mit Bäumen bis zu 45 Meter Höhe.
Das krönende Dschungeldach bilden einzelne Baumriesen, die bis zu 60 Meter hoch werden können. Dies entspricht in etwa dem 20. Stock eines Hochhauses.

Im Kronendach ist es oft extrem laut, da in diesem Stockwerk die meisten Tiere zu Hause sind. Neben den bekanntesten Urwaldbewohnern wie Orang-Utans, Jaguare, Papageien, Elefanten oder Faultiere leben noch viele unentdeckte Arten im schützenden Dickicht des Dschungels. Aber der Lebensraum der Tiere wird immer kleiner und so sind viele Tierarten vom Aussterben bedroht.

Die Regenwälder werden oft als grüne Lunge der Erde bezeichnet. Sie sind für das Weltklima sehr bedeutsam, da sie große Mengen an **Kohlendioxid**[1] in lebensnotwendigen Sauerstoff umwandeln und in die Luft abgeben. Doch immer mehr Regenwaldflächen werden unwiderruflich zerstört. Der Urwald muss oft Platz für Straßen, Ackerflächen oder große **Plantagen** machen. Hier werden dann Bananen, Kaffee, Kakao, **Kautschuk** oder andere Pflanzen angebaut. Doch einmal zerstört, werden auf diesen Flächen nie wieder Urwaldpflanzen wachsen können.

---

1 Kohlendioxid: farbloses und geruchloses Gas. Es entsteht bei der Verbrennung von Holz, Kohle, Öl oder Benzin. Gelangen große Mengen in die Lufthülle der Erde, wird diese immer mehr zerstört.

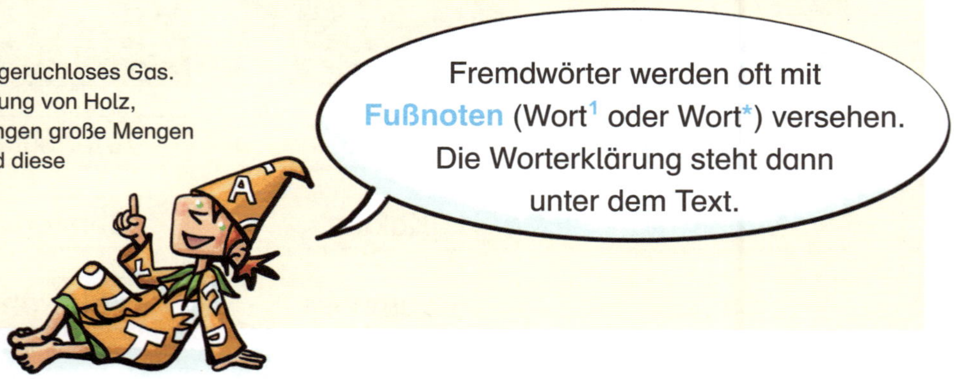

3

1 Lies den Text auf Seite 22 und beantworte folgende Fragen.

a) Welches Bild auf Seite 21 passt nicht zum Textinhalt?

b) In wie viele Absätze ist der Text gegliedert?

c) Welches Bild passt zu welchem Absatz? Ordne die verbleibenden drei Bilder richtig zu.

Heft 4, S. 23 ①
a) Bild Nr. …
b) Der Text ist in …
c) Bild 1 – Absatz ___ …

2 Der dritte Absatz hat kein Bild. Zeichne auf einem Blatt Papier ein passendes Bild.

3 Finde Zwischenüberschriften für die Absätze.

a) Wähle aus:
zu Absatz 1:
Die Verbreitung der Regenwälder auf der Erde oder
Die Länder unserer Erde

zu Absatz 2:
Die Bewohner des Regenwaldes oder
Der Stockwerkbau des Regenwaldes

Heft 4, S. 23 ③
zu Absatz 1: …
…

b) Formuliere zu den Absätzen 3 und 4 eigene Zwischenüberschriften.

4

3 Sich im Text orientieren: Fremdwörter verstehen

1 Im Text über die Regenwälder auf Seite 22 sind Fremdwörter **fett gedruckt**.

Heft 4, S. 24 ①
a) Kohlendioxid ist …
b) …
c) Tropen: …

a) Lies die Fußnote des Textes. Schreibe mit eigenen Worten eine Erklärung für das Wort auf.

b) Ein Fremdwort wird im Text bereits erklärt. Finde es und schreibe die Erklärung in dein Heft.

c) Schlage in einem Lexikon die folgenden Wörter nach oder nutze das Internet. Lies die Wortbedeutungen und schreibe für dich verständliche Erklärungen auf.

Tropen

Äquator

Plantage

Kautschuk

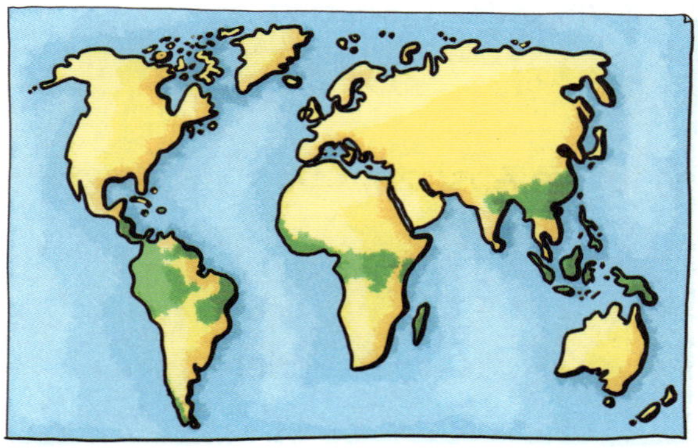

2 Wähle aus, welche Worterklärung stimmt.

In den Zeilen 15–17 steht, dass viele Tiere im schützenden Dickicht des Dschungels leben.

Dies bedeutet:

- im dichten Gebüsch
- im hohen Grasland
- im verborgenen Erdreich

In Zeile 22 steht, dass immer mehr Regenwaldflächen unwiderruflich zerstört werden.

Dies bedeutet:

- niemals
- für immer
- reparierbar

3 Einen Text mit Zahlen verstehen

1 Lies den Zeitungsartikel.

Kinder, Kinder – Immer mehr Menschen leben auf der Erde

Der 11. Juli ist der „Tag der Weltbevölkerung". Da niemand alle Menschen auf der Erde zählen kann, wird die Weltbevölkerung nur geschätzt. Am 31.10.2011 war der symbolische Geburtstag des siebenmilliardsten – in Zahlen 7 000 000 000* – Menschen. Die meisten Menschen leben in Asien. Dort gibt es vier Milliarden Menschen! Auch in Afrika leben mehr als eine Milliarde Erdenbürger. In Europa sind es nur 739 Millionen. Experten haben ausgerechnet, dass es in Zukunft immer mehr Menschen geben wird. Im Jahr 2050 werden wahrscheinlich rund neun Milliarden Menschen die Erde bevölkern.

Derzeit leben weltweit mehr als 1,8 Milliarden Kinder unter 14 Jahren. Damit stellen sie 27 Prozent der Weltbevölkerung. In Afrika wird es im Jahr 2050 etwa eine Milliarde mehr Menschen geben als heute. Das kommt daher, dass dort sehr viele Kinder geboren werden. In vielen afrikanischen Ländern bilden Kinder einen hohen Anteil an der Bevölkerung. In Mali etwa ist die Hälfte der Einwohner unter 14 Jahre alt.

* 7 Milliarden = 7 000 Millionen

2 Finde zu den Textstreifen passende Informationen im Text und im Diagramm. Schreibe sie in ganzen Sätzen auf.

Heft 4, S. 25 ②
Es leben insgesamt vier Milliarden Menschen in …

- Hier leben vier Milliarden Menschen.
- In dieser Region leben weltweit die wenigsten Kinder.
- Dies ist am 11. Juli.
- die Hälfte der Einwohner
- 1,8 Milliarden
- 31.10.2011
- 739 Millionen
- 2050
- In diesem Land sind mehr als 50 Prozent der Menschen Kinder.

3 Diagramme vergleichen

Einige Grundschulen aus Sonneberg nehmen mit jeweils zwei 4. Klassen am diesjährigen Schulzirkusprojekt teil. Es haben sich unterschiedliche Projektgruppen gebildet.

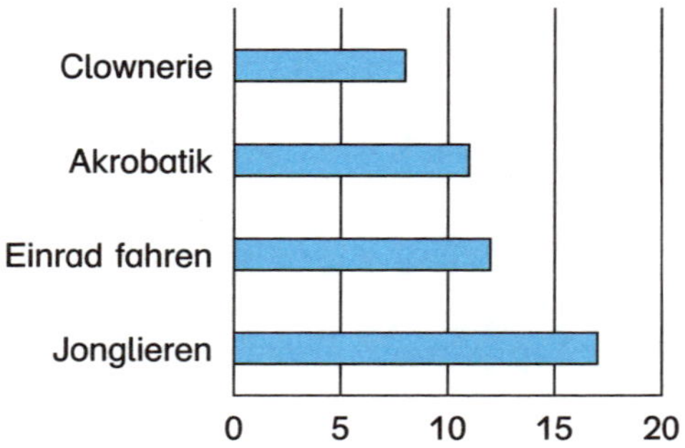

Michael-Ende-Grundschule (Kl. 4a/4b)

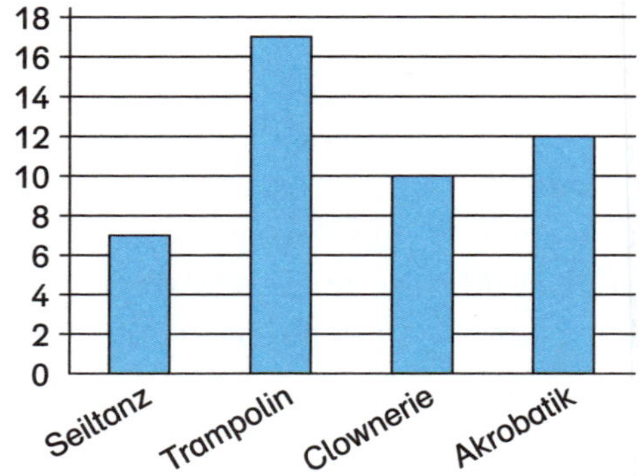

Schule im Blumenviertel (Kl. 4a/4b)

1 Vergleiche die beiden Diagramme und beantworte die Fragen.

Heft 4, S. 26 ①
a) …

a) In welcher der beiden Schulen sind mehr Kinder in den 4. Klassen?

b) Wie viele Projektgruppen werden insgesamt angeboten?

c) An welchen Projektgruppen haben Schülerinnen und Schüler beider Schulen Interesse?

d) An welcher Projektgruppe nehmen insgesamt die meisten Kinder teil?

e) In welcher Projektgruppe sind die wenigsten Schülerinnen und Schüler?

2 Stellt euch Fragen zum Diagramm der Astrid-Lindgren-Grundschule.

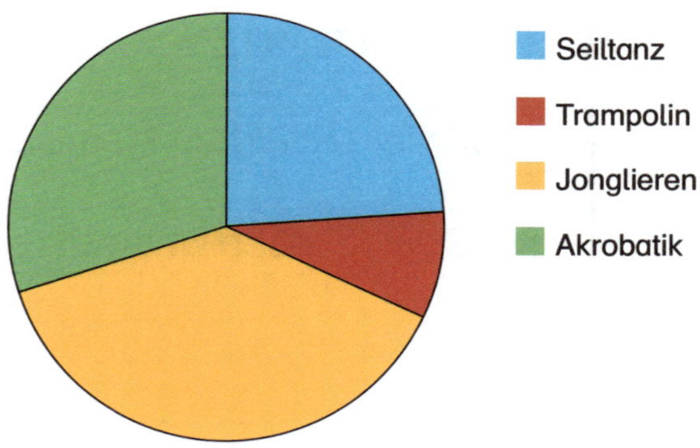

Astrid-Lindgren-Grundschule (Kl. 4a/4b)

3 Vergleicht die drei Diagramme.
Tauscht euch über die Gemeinsamkeiten und Unterschiede aus.

3 Einen Textinhalt mit eigenen Worten wiedergeben

1 Lies den Text.

Robert Scott gehört zu den tragischen Helden der Weltgeschichte. Im Wettlauf zum Südpol unterlag er dem Norweger Roald Amundsen und starb mit seinem Team im Eis.

Obwohl der Brite schon zwei Monate vor Amundsen von Europa aufgebrochen war, gestaltete sich seine Expedition langwieriger als die des Norwegers. Scott wollte den Südpol mit Hilfe von Motorschlitten und Ponygespannen erreichen. Doch es stellte sich heraus, dass die Motoren nicht für eine derartige Kälte geeignet waren. Auch die Ponys ertrugen die Temperaturen nicht und starben.

Scott und seine Gefährten mussten sich zu Fuß weiter vorankämpfen. Die gesamte Mannschaft hatte mit erfrorenen Füßen und Händen zu kämpfen. Dass ausgerechnet zum Zeitpunkt der Expedition die Temperatur am Südpol etwa 20 Grad kälter war als normalerweise zu dieser Jahreszeit, kam erschwerend hinzu.

Am 18. Januar 1912 erreichten Robert Scott und sein Team nach unglaublichen Strapazen den Südpol. Dort mussten sie feststellen, dass ihnen Amundsen zuvorgekommen war: Die norwegische Flagge markierte den Sieg des Gegners. Auch ein Zelt mit einigen Ausrüstungsgegenständen und einem Brief Amundsens fanden sie vor.

Auf dem Rückweg zu ihrer Küstenstation verloren sie ein Teammitglied in einer Gletscherspalte. Ein weiterer starb bei einem starken Schneesturm. Scott und seine übrigen zwei Begleiter mussten wegen eines Blizzards nur 18 Kilometer von ihrem nächsten Proviantlager ihr Zelt aufschlagen und warten. Ihre Vorräte waren aufgebraucht. Scotts letzter Tagebucheintrag stammt vom 29. März 1912. Ein Suchtrupp fand die drei mehrere Monate später tot in ihrem Zelt auf.

2 Gebt den Textinhalt mit eigenen Worten wieder.

a) Lest noch einmal Absatz für Absatz. Klärt gemeinsam unbekannte Wörter.

Heft 4, S. 27 ②
…

b) Notiert zu jedem Absatz wichtige Wörter.

c) Schreibt zu jedem Absatz mit Hilfe eurer wichtigen Wörter ein oder zwei eigene Sätze auf.

→ AH Seite 24, 25

3 Die Absicht verschiedener Texte erkennen

1 Lies die Seite aus einer Kinderzeitschrift.

Alles spitze mit *Lakritze*

Ob platt und rund als Schnecke aufgerollt, bunt mit Zuckerpaste ummantelt oder in Kombination mit Fruchtgummi als Konfekt: Lakritze kommt immer groß aus der Tüte.

Erfunden wurde die leckere Nascherei von dem britischen Apotheker George Dunhill im 18. Jahrhundert. Rohstoff für alle Lakritzprodukte sind die getrockneten Wurzeln des Süßholzstrauches. Die Wurzeln werden gewaschen, geschält und nach dem Trocknen fein geraspelt. Aufgekocht ergibt dies eine schwarze, zähflüssige Masse. Bevor sie kalt ist, wird die Flüssigkeit in große, fünf Kilogramm schwere Blöcke gegossen.

Diese Rohlakritze wird dann in Säcke verpackt und zu den Süßigkeitenherstellern verschickt. Die Hersteller lösen die harten Blöcke wieder auf, geben Zucker, Weizenmehl, Glukosesirup oder Gelatine und manchmal auch verschiedene Aromastoffe hinzu und gießen die Lakritze in eine neue Form.

Verfeinert und verziert landet diese Leckerei schließlich in der Tüte.

Eine Schnecke fiel in einen 21 Meter tiefen Brunnen. Emsig machte sie sich an die Arbeit, wieder aus dem Schacht herauszukriechen. Sie schaffte täglich sieben Meter, rutschte aber in der Nacht wieder vier Meter zurück.
Wann erreichte sie den Brunnenrand?

Nach der fünften Nacht stand die Schnecke bei 15 Meter, sie kriecht also am sechsten Tag über den Brunnenrand.

Anzeige

Schneck-L◎kritz –
der Wickel-Sn◎ck!

Immer nur süß? – Wie l◎ngweilig!
Nur s◎lzig? – Wie öde!

Schneck-L◎kritz –
für vielseitige Kids!

Nichts für L◎ngeweiler!

Klein-Fritzchen möchte im Tante-Emma-Laden für 50 Cent Lakritze kaufen. Die schon etwas ältere Verkäuferin klettert mühsam eine Leiter hinauf und holt das Glas aus dem obersten Regal. Da kommt Klein-Erna dazu. „Magst du auch für 50 Cent Lakritze?“, fragt die Verkäuferin von oben. Klein-Erna verneint. Die Verkäuferin steigt ächzend die Leiter herunter und gibt Klein-Fritzchen die Lakritze. „Und was möchtest du, Klein-Erna?“, fragt die Verkäuferin. „Ich möchte für einen Euro Lakritze“, meint Klein-Erna.

3

2 Überlege, welcher Text auf Seite 28 welche Absicht verfolgt.

3 Notiere zu den Beschreibungen die richtige Textsorte.

Heft 4, S. 29 ③
A – …

Rätsel	Sachtexte	Werbetexte	Witze

A dienen der Information. Sie stellen Tatsachen und Fakten sachlich und neutral dar. Man findet sie zum Beispiel in Sachbüchern, Zeitschriften und im Internet.

B fordern zum Kauf eines Produktes auf. Mit Versprechungen und verschiedenen sprachlichen Tricks möchten sie die Kunden vom Produkt überzeugen. Werbung findet man fast überall: zum Beispiel in Zeitschriften, im Fernsehen, Radio und Internet, auf Bussen, auf Plakaten in den Straßen und auf Trikots von Sportlern.

C dienen der Unterhaltung. Sie sind kurz und haben einen lustigen Höhepunkt. Oft kommen typische Charaktere oder besondere Namen vor. Man findet sie in Witzebüchern, Zeitschriften und Kalendern, vor allem aber werden sie mündlich weitergegeben.

D sind Denkaufgaben, bei denen jemand die Lösung auf eine Fragestellung finden oder erraten muss. Sie dienen der Unterhaltung und stehen in Rätselbüchern, Zeitschriften, im Internet oder werden mündlich gestellt.

4 Beantworte die W-Fragen in ganzen Sätzen.
- **Was** will Werbung?
- **Wo** findet man Werbung?

Heft 4, S. 29 ④
Werbung will …

5 Besprecht gemeinsam:
- Wer gibt die Werbung in Auftrag?
- Welche Werbung gefällt euch und warum?

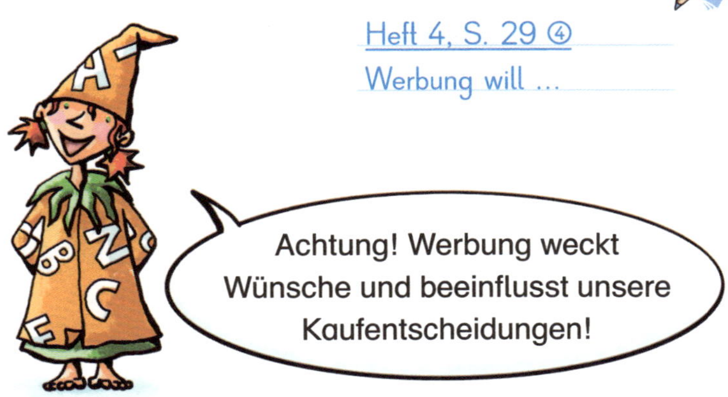

3 Über das eigene Lernen nachdenken

Stelle deine Lernraupe fertig.
Suche dir jemanden aus,
mit dem du deine Lernraupe
besprechen willst.

Ende:

4 Eine Fabel verstehen

Fabeln sind **kurze lehrreiche Geschichten**, in denen oft zwei Tiere die Hauptfiguren sind. Die Tiere sprechen und handeln wie Menschen. Sie stehen für bestimmte menschliche Eigenschaften, z. B. ist der Wolf grimmig, der Löwe mächtig und das Schaf dumm.

1 Lest die Fabel.

Rabe und Fuchs

Ein Rabe hatte einen Käse gestohlen, flog damit auf einen Baum und wollte dort seine Beute in Ruhe verzehren. Da es aber der Raben Art ist, beim Essen nicht schweigen zu können, hörte ein vorbeikommender Fuchs den Raben über dem Käse krächzen. Er lief eilig hinzu und begann den Raben zu loben: „O Rabe, was bist du für ein wunderbarer Vogel! Wenn dein Gesang ebenso schön ist wie dein Gefieder, dann sollte man dich zum König aller Vögel krönen!“ Dem Raben taten diese Schmeicheleien so wohl, dass er seinen Schnabel weit aufsperrte, um dem Fuchs etwas vorzusingen. Dabei entfiel ihm der Käse. Den nahm der Fuchs behänd, fraß ihn und lachte über den törichten Raben.

nach Äsop

2 Findet jeweils vier Eigenschaften, die zu Fuchs und Rabe passen.

gesprächig | töricht | schlau | dumm

gierig | eitel | einfallsreich | königlich

mächtig | majestätisch | stark | listig

Heft 4, S. 31 ②
Rabe: eitel, …
Fuchs: …

3 Der Fuchs beschönigt die Wirklichkeit und schmeichelt so dem Raben. Schreibt in die Tabelle, was der Fuchs zum Raben sagt. Überlegt, wie ein Rabe tatsächlich aussieht und wie er sich anhört.

Heft 4, S. 31 ③

	Schmeichelei	Wirklichkeit
Aussehen	wunderbar	…
Gefieder	…	…
Stimme	…	…

4 Aus einer Fabel lernen

Oft steht am Ende einer Fabel eine **Lehre** (Moral).
Manchmal muss man sie auch selbst finden.
Der **Leser kann** aus der Lehre einer Fabel **etwas lernen**.

1 Lies die Fabel.

Der Affe als Schiedsrichter (aus Korea)

Ein Hund und ein Fuchs erblickten gleichzeitig eine schöne große Wurst, die jemand verloren hatte, und nachdem sie eine Weile unentschieden darum gekämpft hatten, kamen sie überein, mit der Beute zum klugen Affen zu gehen. Dessen Schiedsspruch[1] sollte gültig sein.
Der Affe hörte die beiden Streitenden aufmerksam an. Dann fällte er mit gerunzelter Stirn das Urteil: „Die Sachlage ist klar. Jedem von euch gehört genau die halbe Wurst!" Damit zerbrach der Affe die Wurst und legte die beiden Teile auf eine Waage. Das eine Stück war schwerer. Also biss er hier einen guten Happen ab. Nun wog er die Stücke von Neuem. Da senkte sich die andere Schale; happ-schnapp, kürzte er auch diesen Teil. Wiederum prüfte er sie auf Gleichgewicht und nun musste wieder die erste Hälfte ihr Opfer bringen. So mühte der Affe sich weiterhin, jedem sein Recht zu schaffen. Die Enden wurden immer kleiner und die Augen von Hund und Fuchs immer größer. Schließlich, rutsch-futsch!, war der Rest hier und dort verschlungen.
Mit eingeklemmten Ruten[2] schlichen Hund und Fuchs in verbissener Wut davon. In gehöriger Entfernung fielen sie übereinander her und zerzausten sich.

1 Schiedsspruch: Entscheidung
2 Rute (in der Jägersprache): Schwanz bei Raubwild und Hunden

2 Fabellehren sind oft Sprichwörter. Entscheidet gemeinsam, welche Lehre die Leserin oder der Leser aus dem Erlebnis von Fuchs und Hund ziehen kann.

→ AH Seite 31–33

4 Eine Fabel szenisch darstellen

1 Lest die Fabel mit verteilten Rollen.

Der Igel und der Maulwurf

: *(steht zitternd vor der Höhle des Maulwurfs)* Lieber Maulwurf, hilf mir bitte! Der Winter naht und ich spüre schon die Kälte. Darf ich mit dir zusammen in deiner Höhle wohnen?

: *(überlegt)* Gut, ich bin einverstanden. Tritt ein.

: *(zieht ein, schaut sich um und macht es sich bequem)* Ahhh, mollig warm hast du es hier! Das gefällt mir. Die Wärme tut meinen steifen Gliedern gut.

: *(lächelt)* Fühl dich wie zu Hause, mein Freund! Es ist zwar eng, aber zu zweit lässt es sich den eisigen Winter besser aushalten.

: *(macht sich breiter und breiter und sticht dabei pausenlos den Maulwurf mit den Stacheln)* Eng? Nicht im Geringsten. Es ist behaglich und bequem. Ich fühle mich pudelwohl in deiner Höhle.

: *(steht ärgerlich auf und stampft mit dem Fuß)* Jetzt reicht es mir aber! Mir platzt gleich der Kragen! Ich halte das Gepiekse mit deinen Stacheln nicht mehr aus! Zieh bitte wieder aus und suche dir eine andere Bleibe!

: *(lacht laut herzlich)* Wenn es dir hier nicht gefällt, kannst du doch gehen. Ich bin sehr zufrieden und bleibe.

2 Beantwortet gemeinsam die Fragen.

Überlege gut, wen du zu dir nach Hause einlädst.

a) Welche Lehre passt zur Fabel? Begründet eure Meinung.

b) Wie findet ihr das Verhalten des Igels?

c) Wie geht es dem Maulwurf? Beschreibt seine Gefühle.

Wer anderen nicht hilft, hat selbst das Nachsehen.

3 Zeichnet Igel und Maulwurf auf ein Papier. Schneidet die Tiere aus. Klebt sie mit Klebstoff auf einen Holzspieß. Baut aus einem Schuhkarton eine Höhle.

4 Spielt die Fabel einer anderen Zweiergruppe mit den Stabpuppen vor. Ihr könnt dazu auch eigene Sätze einfügen.

4 Eine Sage verstehen

Eine **Sage** ist eine **Geschichte mit einem wahren Kern**.
Sie erzählt von echten Orten und bestimmten Personen. Manches davon ist wahr, aber viele Dinge wurden fantasievoll dazuerfunden. In einer Sage können Tiere sprechen und es gibt Menschen mit übernatürlichen Kräften. Diese haben manchmal magische Gegenstände.
Es gibt z. B. den Erdteil Europa und die Insel Kreta, aber die Verwandlung des Gottes Zeus in einen Stier wurde erfunden.

1 Lies die Sage aus Griechenland.

Europa

Eros, der Gott der Liebe, war ein vergnügter Gott und immer zu einem Späßchen aufgelegt. Er schleuderte seine Liebespfeile kreuz und quer durch die Welt, so wie es ihm gerade einfiel. Diese Liebespfeile wirkten Wunder.
Jeder, der von ihnen getroffen wurde, musste sich sofort verlieben.
Einmal schoss Eros einen Pfeil auf Zeus ab, als dieser gerade zur Erde hinunterblickte und die Menschen beobachtete.
In dem Moment, in dem ihn der Pfeil traf, hatte er ein Auge auf Europa, die Tochter des Königs Agenor, geworfen. Europa war eine schöne junge Frau und Zeus entflammte sofort in unsterblicher Liebe zu ihr.
Zeus war jedoch um seinen Ruf als Hauptgott besorgt und er wusste natürlich, wie eifersüchtig seine Frau Hera war.
Er überlegte.
Als er bemerkte, dass Hera schlief, rief er schnell die anderen Götter zu sich.
„Hiermit gebe ich bekannt“, verkündete er, „dass jeder Gott neben seiner himmlischen Gemahlin auch eine irdische Frau heiraten kann. Auf diese Weise kann jeder von uns auch irdische Kinder bekommen. Das wird den Menschen guttun, denn dann können sie uns etwas ähnlicher werden.“
Mit diesen Worten nahm Zeus die Gestalt einer Wolke an und schwebte zur Erde.
Europa spielte gerade mit ihren Freundinnen auf einer Wiese in der Nähe des Königspalastes Ball.
Nebenan weidete friedlich eine Herde Rinder. Zeus schlüpfte aus seiner Wolke und verwandelte sich in einen bildschönen Stier. Sein Fell schimmerte wie Gold, darunter zeichneten sich prächtige Muskeln ab. Die Hörner blitzten wie pures Silber.
„Schaut mal, was für ein herrlicher Stier!“, riefen die Ball spielenden Mädchen.
„Europa, schau, so etwas Schönes hast du bestimmt noch nicht gesehen!“

4

Der Stier kam noch näher. Er ließ sich von den Mädchen streicheln und legte sich zu ihren Füßen nieder. Er machte „Muh“ und es klang wie Musik.

Die Mädchen errieten, was der Stier wollte: „Er will, dass du auf ihm reitest, Europa.“ Ohne zu zögern, kletterte die Königstochter auf den Rücken des Stiers.

Jetzt erhob sich das stattliche Tier und machte behutsam einige Schritte.

Doch mit einem Mal lief er immer schneller und schneller.

Europa fühlte sich wunderbar. „Lauf weiter, mein Stier“, rief sie. „Bring mich, wohin du willst.“ Der Stier galoppierte zum Meeresstrand. Dort machte er aber nicht halt, sondern stürzte sich in die Fluten. Doch seltsam, kein Wassertropfen bespritzte Europa. Stundenlang schwamm der Stier, bis sie endlich eine Insel erreichten.

Der Stier ging an Land und ließ Europa absteigen. Nun verwandelte sich Zeus wieder. Aus dem herrlichen Stier wurde ein herrlicher junger Mann, der sagte zu Europa: „Wir sind auf der Insel Kreta. Hier bin ich der König. Wenn du willst, kannst du meine Königin werden. Wenn nicht, bringe ich dich zu deinem Vater zurück.“

„Ich will hierbleiben und so oft wie möglich mir dir zusammen sein“, sagte Europa.

So wurde Europa die Königin von Kreta. Immer, wenn Zeus nichts auf dem Olymp[1] zu tun hatte, besuchte er sie.

Europa wurde sehr alt.

Aber irgendwann musste auch sie sterben, denn sie war ein Mensch.

Ihren Tod konnte selbst Zeus nicht verhindern.

Lange überlegte er, wie er Europa unsterblich machen könnte. Schließlich beschloss er, einen Erdteil nach seiner geliebten irdischen Gattin zu benennen.

Seither heißt der Erdteil, in dem Griechenland liegt, Europa.

Dimiter Inkiow

1 Olymp: Auf diesem Berg wohnten der Sage nach die griechischen Götter.

2 Die Bilder erzählen die Sage von Europa. Bringe sie in die richtige Reihenfolge und du bekommst ein Lösungswort.

Heft 4, S. 35 ②
K...

4 Aussagen mit Textstellen belegen

1 Finde zu den Aussagen die passenden Textstellen.

a) In Zeile 3 und 4 steht, dass Eros' Pfeile Wunder wirkten. Welches Wunder ist gemeint? Schreibe den Satz auf.

b) Zeus beschließt, dass jeder Gott im Himmel und auch auf der Erde eine Frau und Kinder haben darf. Wie begründet er dies? Lies in den Zeilen 16 und 17. Schreibe auf.

c) Auf Seite 34 steht, dass Zeus sich in einen bildschönen Stier verwandelte. Wie sah er aus? Schreibe zwei Sätze auf.

d) In der Sage steht, dass Zeus Europa oft besuchte. Schreibe auf, wann er kam.

Heft 4, S. 36 ①
a) …
b) …
c) …
d) …

2 Entscheide, welche Bedeutung die Wörter im Text haben.

Heft 4, S. 36 ②
a) Gemahlin bedeutet …
b) …

a) Zeile 15:
Gemahlin bedeutet ✶ Dienerin ✶ Ehefrau ✶ Freundin

b) Zeile 15:
irdisch bedeutet ✶ auf der Erde ✶ aus Irland ✶ aus Erde

c) Zeile 30:
stattlich bedeutet ✶ prunkvoll ✶ groß gewachsen ✶ dick

d) Zeile 30:
behutsam bedeutet ✶ schwungvoll ✶ in Windeseile ✶ vorsichtig

4 Über das eigene Lernen nachdenken

Stelle deine Lernraupe fertig.
Suche dir jemanden aus,
mit dem du deine Lernraupe
besprechen willst.

Ende:

5 Ein Interview mit einer Autorin lesen

„Bücher sind wie Schokolade“

Die Kinderbuchautorin Cornelia Funke erzählt, warum Lesen lebenswichtig, manchmal aber auch gefährlich ist

Von Regine Warth

Cornelia Funke ist als Kinderbuchautorin zum Weltstar geworden. Ihr Buch „Reckless“ führt gerade die Spiegel-Liste mit den meistverkauften Büchern in Deutschland an. Als sie in Stuttgart zu Gast war, hat sie erzählt, wie sie auf die Idee gekommen ist, Bücher zu schreiben.

Frau Funke, Sie sagen, Sie haben die Geschichte zu „Reckless“ gefunden. Wie findet ein Schriftsteller eine Geschichte?
Die Geschichten finden einen sogar immer selber. Man fragt sich ja, warum von den Tausenden von Einfällen im Laufe des Tages gerade der eine haften bleibt. Und warum sich diese Geschichte durchsetzt, dass man beschließt, ein oder zwei Jahre seines Lebens mit ihr zu verbringen. Deswegen habe ich das Gefühl, die Geschichten finden einen. Bei dem Buch „Reckless“ war es ein bisschen anders: Diese Geschichte hat ein sehr guter Freund für mich gefunden, Lionel Wigram. Er hat mir von dieser erwachsen werdenden Märchenwelt erzählt. Dabei hatte ich mich eigentlich auf ein paar ruhige Jahre eingerichtet. Aber plötzlich stecke ich wieder bis zum Hals in einer Geschichte, die Fortsetzungen will, die wächst und wächst und wächst und ganz groß werden will.

In einer Ihrer Geschichten verschwinden am Ende die Kinder in den Büchern, weil sie nicht mehr die echte Welt erleben wollen. Ist Lesen also gefährlich?
Ich glaube ganz bestimmt, dass Lesen gefährlich ist – weil es so unendlich glücklich und Spaß machen kann, dass es manchmal im Übermaß genossen wird. Ein Buch kann den Leser vergessen lassen, dass er spannende Erlebnisse auch im wirklichen Leben haben kann. Er müsste sich diese nur auf andere Art und Weise verschaffen. Ich würde mir genauso viele Sorgen machen, wenn mein Kind immer nur liest und die echte Welt dabei verpasste, als wenn es gar nicht liest. Vielleicht würde ich mir da sogar ein bisschen mehr Sorgen machen.

Wie findet man beim Lesen das gesunde Maß?
Wie findet man das gesunde Maß beim Schokoladeessen? Manchmal muss man vielleicht eine Zeit lang das Mittelmaß verlieren und ganz besessen davon sein. Das Gute ist doch, dass wir schon irgendwann merken, wenn wir uns überfressen. Gerade beim Lesen aber wünsche ich jedem, dass er den Zauber des wirklichen Lebens entdeckt.

Wie bringt man Kinder zum Lesen?
Es ist immer ganz furchtbar, wenn ich bei Autogrammstunden gebeten werde, in die Bücher hineinzuschreiben: Lies ganz viel! Ich glaube, das ist der beste Weg, dem Kind die Lust am Lesen zu nehmen. Die wollen mit dem Buch ja nicht erzogen werden, sondern zunächst nur Spaß haben. Bücher sollen keine Medizin sein, die man Kindern verabreichen muss. Bücher sollten eher wie Schokolade sein. Die Kinder müssen sich aussuchen dürfen, ob sie die dunkle oder die helle Schokolade lieber mögen.

Wie lange schreibt man an einem Buch?
Immer länger. Ich habe in meinen Büchern so viele Ideen und Bilder schon benutzt, dass ich mir beim Schreiben sagen muss: Schau mal, diesen Konflikt, dieses Gefühl hast du doch schon in einem anderen Buch beschrieben. Das musst du doch jetzt nicht schon wieder tun. Ich muss mich auf die Suche nach Dingen machen, die ich noch nicht erzählt habe. Mein erstes großes Buch

1 Lies das Interview, in dem Cornelia Funke das Bücherlesen mit Schokoladeessen vergleicht.

a) Suche diesen Satzanfang im Text und schreibe die drei folgenden Sätze ab.
Bücher sollen keine Medizin sein …

b) Erkläre die Sätze aus a) mit eigenen Worten.

Heft 4, S. 38 ①
a) Bücher sollen …
b) …

→ AH Seite 40–42

„Drachenreiter“ habe ich in einem Jahr geschrieben. Das Buch „Reckless“ hat zweieinhalb Jahre gedauert, obwohl es viel dünner ist. Das lag aber auch daran, dass ich mit einem Engländer zusammengearbeitet habe. Wir mussten jeden Schritt erst übersetzen, bevor wir uns darüber den Kopf zerbrechen konnten. Auf diese Weise ist das Buch von mir auf Deutsch geschrieben worden, aber gleichzeitig schon in seiner englischen Übersetzung entstanden.

Haben Sie auch mal eine Geschichte nicht vollendet?
Das ist schon sehr lange her. Als ich angefangen habe mit Schreiben, habe ich zwei Geschichten nicht zu Ende geschrieben. Eine lief mir aus dem Ruder. Da hatte ich dann irgendwann das Gefühl, ich weiß nicht mehr, wo ich mit ihr hin will. Und bei der anderen hat mir mein damaliges Lektorat so viele Änderungsvorschläge gemacht, dass ich dachte: Willst du das wirklich alles einarbeiten und sie weiterschreiben? Da habe ich Nein gesagt und es gelassen.

Die beiden Geschichten wollen nicht irgendwann fertig geschrieben werden?
Seltsamerweise nicht. Vielleicht, weil ich die Ideen daraus in anderen Büchern viel besser umsetzen konnte.

Ihre Bücher wurden zum Teil verfilmt. Würden Sie Kindern dennoch raten, lieber zuerst zum Buch zu greifen?
Es ist das Wunderbare, dass man mit einem Buch rund 16 oder 18 Stunden beschäftigt ist, sich dabei seine eigenen Bilder machen kann und die Feinheiten der Geschichte viel besser mitbekommt. Beim Film gibt es das Problem, dass die Geschichte in zwei Stunden erzählt werden muss und dadurch unheimlich viel verändert und gekürzt wird. Man kann den Figuren nicht in den Kopf gucken so wie im Buch. Man kann nicht die Gedanken lesen oder was gerade in ihren Herzen passiert. Das muss der Schauspieler die ganze Zeit auf seinem Gesicht zeigen. Das klappt eben nicht immer. Manchmal denke ich allerdings: Es ist fast besser, erst den Film zu gucken, weil er nur eine kleine Geschmacksprobe ist – und dann zum Buch zu greifen.

Aber dann kennt man das Ende.
Das ist wahr. Das ist der große Haken dabei.

STECKBRIEF

Geburtstag: 10.12.1958
Wohnort: Los Angeles

Cornelia Funke war nicht immer Autorin. Erst hat sie als Erzieherin in Hamburg gearbeitet und an der Universität Illustration studiert. Mit 28 Jahren fing sie an, nicht nur Bücher zu bebildern, sondern zu schreiben. Ihre Bücher „Drachenreiter“, „Herr der Diebe“ und die „Tintenherz“-Reihe wurden in viele Sprachen übersetzt.

2 Schreibe auf, welche Vorteile Cornelia Funke bei einem Buch gegenüber seiner Verfilmung sieht.

Heft 4, S. 39 ②
…

5 Sich über eine Autorin informieren

1 Tausche dich mit einem Partnerkind darüber aus, was ihr im Interview auf den Seiten 38 und 39 über die Autorin Cornelia Funke erfahren habt.

2 Im Text werden vier Buchtitel erwähnt. Nennt weitere Bücher von Cornelia Funke, die ihr kennt. Sucht auch im Internet.

3 Auf den Seiten 69–71 findest du ein Autorenlexikon. Dort kannst du Informationen über einige Schriftsteller nachlesen, deren Werke im Themenheft Lesen erwähnt werden.

a) Lies den Lexikonartikel zu Cornelia Funke.

b) Schreibe in Stichwörtern auf, was du nun über Cornelia Funke weißt. Wenn du noch mehr erfahren willst, kannst du auch auf ihrer Homepage nachsehen.

4

5

5 Lest euch den Textauszug aus „Herr der Diebe“ gegenseitig vor.

Wespe, Riccio, Mosca, Bo und Prosper gehören zur Bande von Scipio, dem Herrn der Diebe. Die Kinder haben kein Zuhause, nur einen Schlafplatz im hinteren Teil eines verlassenen Kinos.

Wespe hatte wirklich viele Bücher. Und ab und zu kaufte sie eins, das stimmte, aber die meisten, die sie besaß, waren billige Taschenbücher, die Touristen weggeworfen hatten. Wespe fischte sie aus Mülleimern und Papierkörben, fand sie unter den Sitzen der Vaporetto-Boote oder am Bahnhof. Ihre Matratze war kaum zu sehen, so hoch stapelten sich die Bücher davor.
Riccios Matratze war bedeckt mit Comicheften und in seinem Schlafsack steckten so viele Stofftiere, dass er gerade noch selbst hineinpasste.
Moscas Bett erkannte man an der Werkzeugkiste und den Angelruten, zwischen denen er schlief. Außerdem lag unter seinem Kissen sein größter Schatz, sein Glücksbringer: ein kupfernes Seepferd, das genauso aussah wie die Seepferde, die die meisten Gondeln schmückten.
Mosca schwor, dass er es keineswegs von einer Gondel gestohlen, sondern aus dem Kanal hinter dem Kino gefischt habe. „Glücksbringer, die man gestohlen hat“, sagte er, „bringen nur Unglück. Das weiß doch jeder.“
Bo und Prosper teilten sich eine Matratze. Dicht aneinander gedrängt schliefen sie darauf. Neben dem Kopfende lag, sorgfältig aufgereiht, Bos Plastikfächersammlung: sechs Stück, alle noch gut erhalten. Am schönsten fand Bo immer noch den, den Prosper am Tag ihrer Ankunft am Bahnhof gefunden hatte.
Der Herr der Diebe schlief nie bei seinen Schützlingen im Sternenversteck. Keiner von ihnen wusste, wo Scipio die Nächte verbrachte, und er redete nicht darüber. Ab und zu machte er geheimnisvolle Andeutungen über eine verlassene Kirche, aber als Riccio ihm einmal nachgeschlichen war, hatte Scipio ihn dabei erwischt und war so wütend geworden, dass niemand seither gewagt hatte, ihm auch nur nachzusehen, wenn er sie verließ. Sie hatten sich daran gewöhnt: Ihr Anführer kam und ging, wie er wollte.

Cornelia Funke

6 Schätzt ein, wie flüssig und gut betont euer Partnerkind gelesen hat.
Gebt euch gegenseitig Hinweise, was ihr noch verbessern könnt.

5 Klappentexte Büchern zuordnen

1 Lies die Klappentexte aufmerksam durch.

a) Schreibe auf, was die sechs Bücher gemeinsam haben.

Heft 4, S. 42 ①
a) Alle sechs Bücher …
b) 2A, …

Eigentlich soll Rico ja nur ein Ferientagebuch führen. Schwierig genug für einen, der leicht den roten Faden verliert – oder war er grün oder blau? Als er dann auch noch Oskar kennenlernt und die beiden dem berüchtigten Entführer Mister 2000 auf die Spur kommen, geht in seinem Kopf alles ganz schön durcheinander. Doch zusammen verlieren sogar die Tieferschatten etwas von ihrem Schrecken. Es ist der Beginn einer wunderbaren Freundschaft …

A

So ein Katerleben ist herrlich!, findet Winston. Man kann den ganzen Tag gemütlich auf dem Sofa herumliegen und Geflügelleber mit Petersilie futtern. Lecker! Doch als Winstons Herrchen eine neue Haushälterin einstellt, die mit ihrer Tochter in die Wohnung einzieht, ist es aus mit der Ruhe: Kira und ihre Mutter haben nämlich jede Menge Probleme im Gepäck, und bevor sich Winston versieht, steckt er mitten in einem echten Kriminalfall und kurz darauf – ach, du heilige Ölsardine – auch noch im Körper eines Mädchens! Hilfe!!!

B

Als Emma in den Sommerferien bei ihrer Großmutter Dolly auf dem Land ankommt, steht ein Geschenk für sie im Stall: Mississippi, die Stute des verstorbenen Nachbarn Klipperbusch. Emma kann ihr Glück kaum fassen! Es dauert jedoch nicht lange und der unfreundliche Neffe von Klipperbusch will Mississippi unbedingt wiederhaben. (Und das, obwohl er Tiere nicht ausstehen kann und die Stute eigentlich dem Pferdeschlachter überlassen wollte.) Als auch noch ein mysteriöser Erpresserbrief auftaucht, beschließt Emma, der Sache auf den Grund zu gehen.

C

Warum hat Kalle Blomquist, der Meisterdetektiv, nur nicht das Glück gehabt, in London oder Chicago zur Welt zu kommen, wo Verbrechen an der Tagesordnung sind? Stattdessen lebt er in diesem langweiligen Kleinköping in Schweden, wo rein gar nichts passiert! Doch dann geschieht plötzlich ein Juwelendiebstahl und danach reißen die spannenden Fälle für Kalle und seine Freunde Anders und Eva-Lotta nicht mehr ab!

D

Emma ist elf Jahre alt, ziemlich klein für ihr Alter und eigentlich nichts Besonderes. Dachte sie bislang! Doch nachdem sie versehentlich einen ganzen Staatsempfang durcheinandergebracht hat, lässt Geheimdienstchef Ypsilon sie gemeinsam mit dem intelligentesten Mädchen und dem schönsten Jungen der Welt zur Geheimagentin ausbilden! Emma ist begeistert und stürzt sich mit Feuereifer in ihren neuen Job. Doch der wird bald gefährlicher, als Emma ahnt – denn Prinz Yarvis von Minimalien heckt einen fiesen Plan aus …

E

Zum ersten Mal darf Emil allein nach Berlin fahren. Seine Großmutter und seine Kusine Pony Hütchen erwarten ihn am Blumenstand im Bahnhof Friedrichstraße. Aber Emil kommt nicht, auch nicht mit dem nächsten Zug. Während Großmutter und Pony Hütchen überlegen, was nun geschehen soll, hat Emil sich bereits in eine aufregende Verfolgungsjagd gestürzt, immer hinter dem Dieb her, der ihm im Zug sein ganzes Geld gestohlen hat. Zum Glück bekommt Emil bald Unterstützung: von Gustav mit der Hupe und einer Schar gleichaltriger Jungen.

F

b) Ordne den Buchtiteln die Klappentexte zu.

1

2

3

4

5

6

② Zwei der Bücher sind Kinderbuchklassiker, die wahrscheinlich schon manche eurer Eltern oder Großeltern gelesen haben. Schreibe die Titel und Autoren dieser Bücher auf. Schlage dazu auch im Autorenlexikon nach.

Heft 4, S. 43 ②
… von …
… von …

③ Überlege, aus welchem der Bücher dieser Textausschnitt wohl stammt. Schreibe den Titel und die Autorin auf.

Heft 4, S. 43 ③
… von …

„Da oben ist schon eine Kamera! Huhuhu!“, schrie Santi und winkte zur Zimmerdecke hoch. Tatsächlich folgte von dort ein surrendes Metallauge jeder unserer Bewegungen. „GGDW heißt Geheimster Geheimdienst der Welt!“, rief ich. In dem Artikel war die Rede davon gewesen, wie viele Steuergelder der GGDW verbrauchte, ohne Erfolge vorweisen zu können, die das viele Geld rechtfertigten. „So ein Quatsch“, sagte Santi. Aber dann sah er mich mit großen Augen an, setzte sich und grübelte. Obwohl er sich dabei kratzte, sah er immer noch umwerfend aus. Ypsilon kam herein. „GGDW? Wofür steht das?“, platzte Santi heraus. „Geheimster Geheimdienst der Welt selbstverständlich“, sagte Ypsilon unschuldig. „Warum?“ „Na bitte!“ Ich verschränkte triumphierend die Arme. Ypsilon stellte uns in einer Reihe nebeneinander auf und räusperte sich. Wir starrten ihn erwartungsvoll an. Er sagte (und weil es so ungeheuerlich ist, schreibe ich das jetzt groß):

„IHR WERDET ZU GEHEIMAGENTEN AUSGEBILDET. IHR SEID DIE ERSTEN JUNIORAGENTEN IN DER GESCHICHTE UNSERES LANDES. HERZLICH WILLKOMMEN, KADETTEN!“

Heft 4, S. 43 ④
…

④ Wähle ein Buch aus, das du gerne lesen würdest. Begründe.

5 Unterschiede von Film und Buch kennenlernen

1 Lies den Text.

Um aus einem Buch einen guten Film zu machen, muss der Regisseur den Inhalt umgestalten. Denn ein Buch hat die Möglichkeit, auf vielen Seiten eine Geschichte ausführlich zu erzählen, mit Beschreibungen der Orte, der Personen und ihrer Gedanken. Der Leser kann sich Zeit lassen, sich eigene Gedanken machen oder die Lektüre auch immer wieder unterbrechen.
Ein Film dagegen muss in kurzer Zeit die gesamte Handlung abbilden. Für eigene Gedanken ist dabei keine Zeit. Ein Film muss die Geschichte mit Handlungen, Bildern, Musik, speziellen Effekten und vor allem Dialogen darstellen. Manche Szenen, die im Buch besonders schön oder wichtig sind, lassen sich mit filmischen Mitteln überhaupt nicht umsetzen.

Das Kinderbuch „Emil und die Detektive“ von Erich Kästner erschien 1929. Es wurde als Buch und Theaterstück ein großer Erfolg. Es wurde in 27 Sprachen übersetzt und mittlerweile achtmal verfilmt. Die erste Verfilmung von 1931 gilt auch heute noch als einer der bedeutendsten deutschen Filme der frühen Tonfilmzeit, denn bis 1927 gab es nur Stummfilme, deren Vorführungen meist mit Klaviermusik begleitet wurden. 1954 kam die Geschichte das erste Mal als Farbfilm ins Kino.

Wie alle Verfilmungen sind auch die „Emil und die Detektive“-Filme geprägt durch ihre Regisseure und Drehbuchautoren, aber auch durch die Zeit der Aufnahme. So hat die Regisseurin Franziska Buch im Jahr 2000 die Geschichte für die Verfilmung im Jahr 2001 an die heutige Zeit angepasst und stark verändert. Ob dies Erich Kästner wohl gefallen hätte?
Schon 1931 ärgerte sich Kästner so sehr über das Drehbuch, dass es neu geschrieben werden musste. Regie führte damals der Regisseur Gerhard Lamprecht.

2 Ordne den Filmplakaten die Jahreszahlen zu, die im Text genannt werden.

Heft 4, S. 44 ②
A: 19…

A

B

C

③ Regisseure verändern nicht nur die Sprache, sondern auch den Inhalt, um einen Film der heutigen Lebenswelt anzupassen. Vergleiche die Texte 1 und 2.

1

ZWEITENS: Frau Friseuse Tischbein, Emils Mutter

Als Emil fünf Jahre alt war, starb sein Vater, der Herr Klempnermeister Tischbein. Und seitdem frisiert Emils Mutter. Und onduliert. Und wäscht Ladenfräuleins und Frauen aus der Nachbarschaft die Köpfe. Außerdem muss sie kochen, die Wohnung in Ordnung halten, und auch die große Wäsche besorgt sie ganz allein. Sie hat den Emil sehr lieb und ist froh, dass sie arbeiten kann und Geld verdienen. Manchmal singt sie lustige Lieder. Manchmal ist sie krank, und Emil brät für sie und sich Spiegeleier. Das kann er nämlich. Beefsteak braten kann er auch. Mit aufgeweichter Semmel und Zwiebeln.

2

Emil und die Detektive

(Film, Schulkinowoche)
BRD • 2001 • Regie: Franziska Buch

Der 12-jährige Emil Tischbein lebt mit seinem allein erziehenden Vater in einer ostdeutschen Kleinstadt. Als sein Vater einen Autounfall hat und im Krankenhaus landet, seinen Führerschein und dadurch auch seinen Job verliert, schickt er Emil nach Berlin. Dort soll er mit der Pastorin Hummel und ihrem Sohn Gustav zwei Wochen seiner Ferien verbringen. Es könnte eine wunderbare Zeit werden, wäre da nicht der Gangster Grundeis, der auf der Zugfahrt Emils Ersparnisse klaut. Bei seinem Versuch, das Geld zurückzubekommen, erhält Emil überraschend Unterstützung von Pony Hütchen und ihrer Kinderbande. Ehe er sich versieht, ist er mit ihnen in halsbrecherische Abenteuer verstrickt ...

Regisseurin Franziska Buch versetzt ihre Adaption des lebendigen wie zeitlosen Stoffes mitten in das quirlige Berlin der Gegenwart.

④ Lies die Absätze aus Erich Kästners Roman von 1929. Manche Wörter sind heute nicht mehr zeitgemäß. Übersetze sie in unsere heutige Ausdrucksweise.

Heft 4, S. 45 ④
Chauffeur: Taxifahrer, ...

Doch da saßen die Jungen schon in einem anderen Auto, und Gustav sagte zu dem **Chauffeur**: „Sehen Sie die **Droschke**, die jetzt zum Prager Platz einbiegt? Ja? Fahren Sie hinterher, Herr Chauffeur. Aber vorsichtig, dass er es nicht merkt.“

So ging es die Motzstraße entlang, über den Viktoria-Luise-Platz und die Motzstraße weiter. Ein paar Leute blieben auf den **Fußsteigen** stehen, blickten dem Auto nach und lachten über die komische **Herrenpartie**.

„Ducken!“, flüsterte Gustav. Die Jungen warfen sich zu Boden und lagen wie Kraut und Rüben durcheinander. „Was gibt's denn?“, fragte der Professor. „An der Lutherstraße ist **rotes Licht**, Mensch! Wir müssen gleich halten und der andere Wagen kommt auch nicht rüber.“

Erich Kästner

5 Sich über ein Buch informieren

Um etwas **über ein Buch** zu **erfahren**, kann ich das **Cover** anschauen, den **Klappentext** lesen, aber auch im **Internet** surfen. Viele Informationen finde ich auf den Internetseiten von Verlagen und Buchhandlungen.

1 Betrachte das Cover und lies die Inhaltsangabe.

Der 11-jährige Matti träumt von einem Familienurlaub in der Heimat seines finnischen Vaters, was er mit einer faustdicken Lüge auch erreicht. In Finnland aber finden sich Matti, der kleine Bruder Sami und die Eltern auf einmal ohne Bleibe, Geld und Auto mitten in der finnischen Einöde wieder. Nur ein Wunder kann sie retten – oder Onkel Jussi, der aber mit Mattis Vater in lebenslanger brüderlicher Konkurrenz verstrickt ist. Ein sommerleichter Roman für Kinder, der durch seinen Wortwitz besticht.

2 Lies nach, wie einige Kritiker das Buch beurteilen. Begründe dann, ob du das Buch gerne lesen würdest oder nicht.

Heft 4, S. 46 ②
Ich würde das Buch
„Matti und Sami" von …

Presse-/Leserstimmen

„Das ist, neben den vielen Überraschungen, dem liebevollen und dem staubtrockenen Humor, das Schönste an diesem Buch: Es hat viele Themen. Es ist eine wunderschöne Vater-Sohn-Geschichte, eine Familiengeschichte, eine Geschichte über das Lügen mit all seinen Vor- und Nachteilen und vor allem eine Geschichte über den Mut, etwas Neues zu wagen. Und damit ist es eine Geschichte wie das Leben – das hat ja auch mehr als ein Thema." *Aus der Jurybegründung zum „Luchs des Monats" August 2011, Die Zeit/Radio Bremen*

„Dem Autor Salah Naoura ist das Kunststück gelungen, ein schmales Buch mit sehr viel Leben zu füllen." *Frankfurter Rundschau*

„Ein sehr amüsantes und liebevoll erzähltes Buch vom Flunkern, das kürzlich eine wichtige Auszeichnung, den Peter-Härtling-Preis, gewonnen hat." *Dein Spiegel*

„Naouras moderner Schelmenroman ist mit seinem pippilangstrumpfhaften ‚Ich mache mir die Welt, wie sie mir gefällt' ein großes Vergnügen (…)" *Frankfurter Allgemeine Zeitung*

3 Schreibe selbst eine Leserstimme zu deinem Lieblingsbuch.

Heft 4, S. 46 ③
…

Buchbeurteilungen findest du auch im Internet oder in Kinderzeitschriften.

5 Einen Buchauszug lesen

1 Lies den Buchauszug.

Matti sucht verzweifelt nach einem Haus in Finnland. Er nimmt heimlich an einer Verlosung teil und hofft auf den Gewinn. Eines Tages bekommt er Post.

Ich holte ein Messer aus der Küchenschublade, öffnete den Brief und las:

Stichwort: Haus im Saimaa-Seengebiet
Sehr geehrte(r) TeilnehmerIn
der Verlosung 32,
hiermit bestätigen wir Ihre Teilnahme
an der oben genannten Verlosung.
Ihre Losnummer lautet: SAIM 39283
Über den Termin der Ziehung des
Gewinners informieren wir Sie rechtzeitig unter www.meinhauslos.de
Wir bitten um Geduld!

Enttäuscht ließ ich das Blatt sinken. *Wir bitten um Geduld* bedeutete, dass sie den Gewinner vielleicht erst nach den Sommerferien ziehen würden. Ich brauchte das Haus aber *schnell.* Es war einfach zum Verrücktwerden. Und da passierte es: eine Eingebung, aus heiterem Himmel. Ein Wink des Universums. Ich blickte in die Schublade und sah Turos Prospekt, der auf der Seite mit der Hausmeister-Anzeige aufgeschlagen war. Auf dem oberen Teil des Prospekts lagen die rosafarbenen Gewinnzettel aus den Briefkästen. Es kam mir wie ein Wunder vor:

HERZLICHEN GLÜCKWUNSCH,
SIE HABEN GEWONNEN!
DAS GLÜCKSLOS IST AUF SIE
GEFALLEN!

las ich, genau an der Stelle, wo vorher *Hausmeister gesucht* gestanden hatte. Und darunter war das Foto von dem Haus zu sehen. Alles was ich zu tun brauchte, war ein kleines bisschen nachzuhelfen. Ich musste bloß aus zwei Zetteln einen machen und ihn in den Umschlag stecken und schon hatten wir ein Haus! Dass es nicht wirklich uns gehörte, konnte ich Mama und Papa ja immer noch erklären, wenn wir da wären ...

Je länger ich darüber nachdachte, desto logischer kam mir alles vor. Ich ging zum Kopierladen an der nächsten Ecke. Dort legte ich beide Zettel zusammen auf den Kopierer und heraus kam eine ganz wunderbare, täuschend echt aussehende Hausverlosungsgewinnbenachrichtigung!

Die brauchte ich zu Hause dann nur noch in den Umschlag zu stecken – fertig!

Salah Naoura

2 Stelle mit einem Partnerkind Vermutungen an, wie es zu Hause weitergeht.

5 Über das eigene Lernen nachdenken

Stelle deine Lernraupe fertig.
Suche dir jemanden aus,
mit dem du deine Lernraupe
besprechen willst.

Ende:

6 Ein Gedicht rhythmisch vortragen

1 Lies das Gedicht einmal leise.

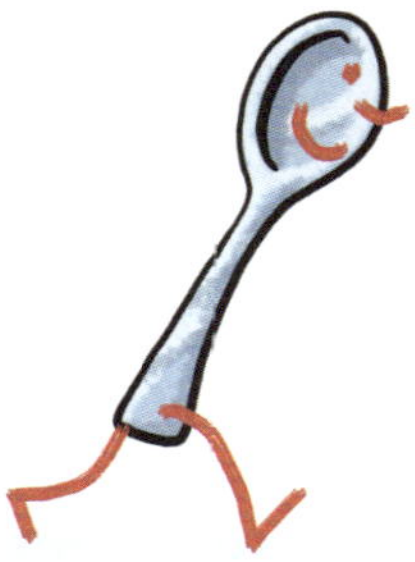

Nach dem Spülen
Und Löffel zu Löffel ins Löffelfach
und Gabel zu Gabel ins Gabelfach
und Messer zu Messer ins Messerfach –
Ach, was für'n Krach!
Wenn ich will, bin ich still.
Und Löffel zu Löffel ins Löffelfach
und Gabel zu Gabel ins Gabelfach
und Messer zu Messer ins Messerfach –
Wenn ich will, bin ich still.
Manchmal, wenn ich lustig bin,
werf ich alles lustig hin:
Und Löffel zu Löffel ins Gabelfach
und Gabel zu Gabel ins Messerfach
und Messer zu Messer ins Löffelfach –
Manchmal, wenn ich lustig bin,
werf ich alles lustig hin.
Manchmal geht es mir so gut,
da packt mich der Übermut:
Und Löffel zu Gabel ins Messerfach
und Gabel zu Messer ins Löffelfach
und Messer zu Löffel ins Gabelfach –
Ach, was für'n Krach!
Wenn ich will –
bin ich still.

Erwin Grosche

2 Lies das Gedicht noch einmal leise.
Klopfe mit dem Fuß, der Hand oder einem Stift passend zu deinem Sprechrhythmus.

3 Lies das Gedicht einem Partnerkind vor.
Verwende diesmal mehrere Besteckteile oder Stifte und mache passende Bewegungen, um deinen Sprechrhythmus zu unterstützen.

4

6 Besonderheiten eines Hörspiels kennenlernen

In einem **Hörspiel** wird eine **Geschichte mit Tönen und Klängen** erzählt.
Ein **Erzähler** beschreibt die Handlungen oder fasst sie zusammen.
Die **wörtliche Rede** wird mit verteilten Rollen gesprochen.
Geräusche und **Musik** verdeutlichen die Handlung und erzeugen Stimmungen, z. B. Spannung.

1 Lest das kurze Hörspieldrehbuch mit verteilten Rollen vor.
Überlegt euch, wie oder womit ihr die passenden Geräusche dazu machen könnt.

Erzähler: Es ist Mitternacht.	*Die Uhr schlägt zwölf Mal.*
Durch die dunklen Gassen, die nur spärlich von einigen Straßenlaternen beleuchtet werden, läuft eine Frau.	*schnelle Schritte,*
Sie läuft, als ginge es um ihr Leben.	*immer lauter, Keuchen*
Erzähler: Wenige Meter hinter ihr folgt ein Mann. Er versucht,	*Schnelle Schritte*
die Frau einzuholen.	*kommen dazu.*
Erzähler: Ein Polizeiauto rast um die Ecke und hält.	*Bremsenquietschen*
Erzähler: Ein Polizist reißt die Tür auf, springt aus dem Wagen und stellt sich dem Verfolger in den Weg.	
Polizist *(streng)*: „Halt! Bleiben Sie sofort stehen!“	
Erzähler: Doch der Verfolger stößt ihn zur Seite.	
Verfolger *(wütend)*: „Mann, aus dem Weg! Wer zuletzt zu Hause ist,	*noch schnellere Schritte,*
muss das Geschirr abwaschen.“	*die sich entfernen*

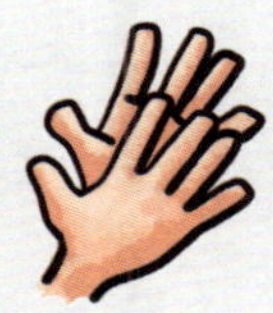

→ AH Seite 50, 51

6 Eine Ballade mit Hilfe von Bildern vortragen

1 Lest die Ballade.

Ballade vom schweren Leben des Ritters Kauz vom Rabensee

Es war ein alter Ritter,
Herr Kauz vom Rabensee.
Wenn er nicht schlief, dann stritt er.
Er hieß: der Eiserne.

Sein Mantel war aus Eisen,
Aus Eisen sein Habit[1].
Sein Schuh war auch aus Eisen.
Sein Schneider war der Schmied.

Ging er auf eine Brücke
Über den Rhein – pardauz!
Sie brach in tausend Stücke.
So schwer war der Herr Kauz.

Lehnt er an einer Brüstung,
Es macht sofort: pardauz!
So schwer war seine Rüstung.
So schwer war der Herr Kauz.

Und ging nach solchem Drama
Zu Bett er, müd wie Blei:
Sein eiserner Pyjama[2]
Brach auch das Bett entzwei.

Der Winter kam mit Schnaufen,
Mit Kälte und mit Schnee.
Herr Kauz ging Schlittschuh laufen
Wohl auf dem Rabensee.

Er glitt noch eine Strecke
Aufs stille Eis hinaus.
Da brach er durch die Decke
Und in die Worte aus:

Potz Bomben und Gewitter,
Ich glaube, ich ersauf!
Dann gab der alte Ritter
Sein schweres Leben auf.

Peter Hacks

1 Habit: Gewohnheit 2 Pyjama: Schlafanzug

2

6 Textinhalte mit Fotos und Bildern darstellen

Bei einer **Fotostory**[1] wird jeder Abschnitt einer Geschichte mit Bildern erzählt. Damit man die Handlung und die Gefühle der Personen verstehen kann, ist die **Körpersprache** besonders wichtig. Oft gibt es auch **Sprechblasen** wie bei einem Comic.

1 Story (engl.): Geschichte

1 Finde eine passende Überschrift zu der Fotostory.

6

2 Ordnet die Textaussagen den Bildern zu.
- Die Lehrerin geht an der ganzen Schlange vorbei.
- Ole ist nun der Letzte und ärgert sich.
- Ole steht abseits und spielt Jo-Jo.
- Die Lehrerin zählt die Schüler.
- Ole drängelt sich an den ersten Platz.
- Die Schüler warten vor dem Schwimmbad.
- Die Lehrerin schaut Ole streng an.
- Die Lehrerin stellt sich an das andere Ende der Schlange und führt die Klasse ins Schwimmbad.
- Die Schüler drehen sich um.

3 Überlegt gemeinsam, was die Personen auf den Bildern sagen oder denken könnten.

4 Lies den folgenden Witz mit einem Partnerkind.

a) Überlegt, wie ihr ihn in vier Bildern darstellen könnt.

Zwei Brüder haben Streit.
Bei ihrer Rauferei geht etwas Wertvolles zu Bruch.
Die beiden schauen betreten zu Boden und überlegen,
wer das nun am besten der Mutter beibringt.
Bis der Jüngere aufschaut und meint: „Das machst am besten du,
du kennst sie schon länger!“

Überlegt, wie ihr zeigen könnt, dass die beiden Geschwister sind. Wahrscheinlich braucht ihr dazu Sprechblasen. Es können natürlich auch zwei Schwestern sein.

b) Zeichnet die Bilder mit Strichmännchen auf vier Blättern auf.
Überlegt euch zu jedem Bild Sprechblasen und tragt sie auf den Bildern ein.

c) Stellt eure Bilder als Standbilder stumm nach. Wenn möglich, fotografiert die Szenen, druckt sie aus und fügt Sprechblasen ein.

6 Über das eigene Lernen nachdenken

Stelle deine Lernraupe fertig.
Suche dir jemanden aus,
mit dem du deine Lernraupe
besprechen willst.

Ende:

7 Gedichte ohne Reim untersuchen

1 Lies die sechs Gedichte ohne Reim.

Biologie
Dieser Baum ist knorrig,
weil er alt ist.
Er ist verzweigt,
weil er viel erlebt hat.
Er ist nicht schön,
aber in seinen Zweigen
ist ein Nest.

Klaus Kordon

Humorlos
Die Jungen
werfen
zum Spaß
mit Steinen
nach Fröschen.
Die Frösche
sterben
im Ernst.

Erich Fried

Der Stein
In meiner Hand
liegt ein kühler Stein.

Meine Hand
wärmt den Stein.

Meine Finger
schließen Freundschaft
mit dem Stein.

Georg Bydlinski

Spur im Sand
Ging da ein Weißer,
ein Schwarzer,
ein Roter?
Der Sand sagt:
Ein Mensch.

Hans Baumann

Frage
Ich rede
du redest
wir reden
sie reden
Und wer hört zu?

Roswitha Fröhlich

Aufruhr
Das Wasser brodelt
im Kochtopf,
der Blechdeckel
klipperdiklappert.

Josef Guggenmos

2 Wähle ein Gedicht aus, das dir besonders gefällt. Begründe deine Entscheidung.

Heft 4, S. 55 ②
Mir gefällt das Gedicht … von …
am besten, weil …

3 Wähle zwei Gedichte aus. Untersuche sie:

- Wie heißt die Überschrift?
- Wie heißt der Autor oder die Autorin?
- Wie viele Strophen und Verse hat das Gedicht?
- Was ist das Thema des Gedichts?

Heft 4, S. 55 ③
Überschrift: …
Autor: …
…

7 Einen Satz als Gedicht aufschreiben

1 Lies das Gedicht.
Erkläre einem Partnerkind, was das Besondere an dem Gedicht ist.

Ein Satz, den man so schreibt, ist kein Gedicht.

Ein Satz,
den man so schreibt,
wird ein Gedicht.

Ein Satz,
den man
so
schreibt, ist ein Gedicht –
so ein Gedicht.

Wenzel Wolff

2 Schreibe selbst einen Satz als Gedicht.

a) Wähle einen der Sätze aus und schreibe ihn ab.

Doch von all diesen Welten hatte er am liebsten den Mond.

Nachts stand er am Fenster und sah den Mond über der Keksfabrik aufgehen und langsam in den Himmel steigen.

Und dann denke ich an die beiden Astronauten und denke daran, dass die Spuren, die sie mit ihren großen Stiefeln hinterlassen haben, noch immer da sind, heute Nacht, morgen Nacht, jede Nacht.

Mark Haddon

b) Lies den Satz auf verschiedene Arten vor.

c) Trage deine Sprechpausen mit Schrägstrichen ein.

d) Schreibe den Satz nun als Gedicht auf. Wenn an einer Stelle eine Pause sein soll, schreibst du in die nächste Zeile. Wenn du ein Wort besonders hervorheben möchtest, kannst du es auch einzeln in eine Zeile schreiben.

Heft 4, S. 56 ②
a) + c) … / … / …
d) …

7 Verschiedene Reimmuster kennenlernen

Gereimte Gedichte können **unterschiedliche Reimmuster** haben.

Über einen grünen Rasen
tollen zweiundzwanzig Hasen,
schlagen Haken kreuz und quer,
etwas Rundem hinterher.

Georg Bydlinski

Paarreim

Paarreim

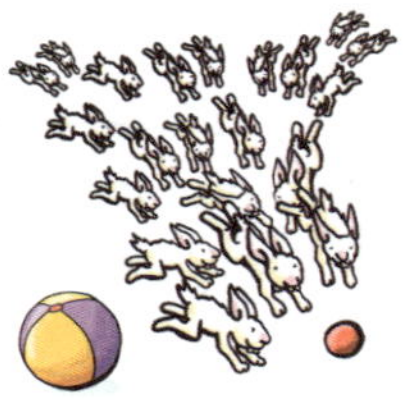

Bei einem **Paarreim** reimen sich immer zwei aufeinanderfolgende Verse.

Otto ist ein reicher Hund,
er hat vierzehn bunte Schleifen,
sieben Knochen, glatt und rund,
und zwei alte Autoreifen.

Georg Bydlinski

Kreuzreim

Beim **Kreuzreim** stehen die Reimwörter „über Kreuz“, es reimen sich der erste und der dritte Vers sowie der zweite und der vierte.

1 Überprüft für jedes Gedicht das Reimmuster.

A

Der Specht

In einen Baumstamm hackt der Specht
ein Nest für seine Jungen.
Der Specht, der kann’s! Sein Kopf ist fest,
sonst wär er längst zersprungen.

Josef Guggenmos

B

Die Katze

So ist die Katze: allzeit rein.
Und wie auf Moos geht sie, so fein.
Da gäbe manche Maus was drum,
hätt jede Katz ein Glöcklein um.

Josef Guggenmos

C

Das Nilpferd

Wer nie ein Nilpferd gähnen sah,
der weiß nicht, wie man gähnen kann.
Denn so aus Herzensgrund Uu-aah!!
kann’s keiner, weder Gaul noch Mann.

Josef Guggenmos

D

Das faule Krokodil

Es war ein faules Krokodil,
das lag zwei Monate ganz still.
Dann schlief es sieben Jahre ein
und schließlich schien es tot zu sein.

Joachim Ringelnatz

2 Wähle ein Gedicht aus.
Lerne es auswendig und trage es einem Partnerkind vor.

→ AH Seite 57

7 Ein Gedicht untersuchen

1 Finde die richtige Reihenfolge der Gedichtstrophen heraus.

Kirschkerne spucken

* Föhn: warmer, schwacher Wind

2 Schreibe die zwei sprachlichen Besonderheiten heraus, an denen du die Reihenfolge der Strophen erkannt hast.

Heft 4, S. 58 ②
1. Wind, ...
2. ...

3 Untersuche das Gedicht.

– Wie heißt die Überschrift?
– Wie heißt der Autor?
– Wie viele Strophen hat das Gedicht?
– Wie viele Verse hat das Gedicht?

Heft 4, S. 58 ③
Überschrift: Kirschkerne spucken
Autor: ...
...

4 Schreibe die Reimwortpaare heraus und untersuche das Reimmuster.

Heft 4, S. 58 ④
Wind – Kind, ...

5 Tragt euch das Gedicht gegenseitig ausdrucksvoll vor.

7 Über das eigene Lernen nachdenken

Stelle deine Lernraupe fertig.
Suche dir jemanden aus,
mit dem du deine Lernraupe
besprechen willst.

Ende:

8 Sich in eine Buchfigur hineinversetzen

Jule ist geplagt von einem nervösen Hautausschlag, der sofort auflodert, wenn sie gestresst ist. Dass dies kurz nach der Geburt ihrer kleinen Schwester vor sieben Jahren angefangen hat, hält Jule keineswegs für Zufall.

1 Lies den Text.

Jule fuhr schnaubend herum. Direkt hinter ihr stand Affi und trällerte das Lied, das sie diese Woche auf dem Spielplatz aufgeschnappt hatte. Es hieß „Das Lästige Lied“, und es machte seinem Namen alle Ehre, denn der Trick dabei war, es einfach immer und immer wieder zu singen. Jules Ausschlag breitete sich aus wie ein Lauffeuer, an ihren Armen hoch und an ihren Beinen hinunter. Sie musste etwas tun, ehe sie völlig durchdrehte. Und da gab es nur eines.

2 Schreibe auf, was Jule tun könnte, um sich zu beruhigen.

Heft 4, S. 60 ②

...

3 Lies im Text, was Jule hilft, sich zu beruhigen.

Sortieren. Das war Jules Art, sich zu beruhigen. Während andere Kerzen anzündeten, Musik hörten oder ein heißes Bad nahmen, sortierte Jule die vielen merkwürdigen Sammlungen, die sie in ihrem Zimmer aufbewahrte. Nur um das hier mal festzuhalten, sie besaß:

- eine Radiergummisammlung (143 Stück)
- eine Sammlung getrockneter Cicada-Muscheln (insgesamt 51)
- ein Schreibheft mit einer langen Liste von Nummernschildern (Jedes Auto, das in Jules Straße parkte, wurde in diesem Heft notiert.)
- Anstecker, mit denen hervorragende Teilnahme am Unterricht belohnt wurde (12 bei der letzten Zählung)
- eine Schachtel voll mit benutzen Busfahrkarten (Am Dienstag waren es 67 gewesen.)
- Piranha, ihre fleischfressende Pflanze

Außerdem hatte sie noch eine Reihe winziger Kakteenpflanzen, die sie seit dem Frühling sammelte. Es gefiel ihr, wie die sogar ohne Regen immer weiterwuchsen. Es gefiel ihr, wie die ganz für sich allein zurechtkamen.

8

Jule zog eine hellblaue Dose hervor. Mit dickem, silbernem Marker hatte sie ihre Anfangsbuchstaben auf den Deckel geschrieben: JJJ, wie drei Angelhaken nebeneinander. In dieser Dose bewahrte Jule ihre Zahnsammlung auf, gebettet auf weißer Watte, damit es die Zähne auch richtig gemütlich hatten. Wie sortiere ich denn heute mal?, überlegte sie. Nach Farbe (weiß, weißlich-gelb, gelblich-weiß, grau), nach Form (dick und viereckig, scharf und spitz, die mit Füllungen, die mit Löchern) oder nach Herkunft (von Papa, Affi, ihr selbst oder ihrer besten Freundin, Betty)? Sie setzte sich im Schneidersitz auf den Teppich und balancierte die Dose auf den Knien. „Ich glaube, nach Form …“ Vorsichtig hob sie den Deckel der Dose und schaute hinein. Die Zähne waren weg!

4 Vermute, was mit den Zähnen passiert sein könnte.

Heft 4, S. 61 ④
Vielleicht …

Jule wusste sofort Bescheid: „Affi!“
Kurze Zeit später fand Mama die beiden Schwestern im schönsten Zank. „Warum kannst du deine Pfoten nicht von meinen Sachen lassen?“
„Hä?“ „Ich weiß genau, dass du meine Zähne geklaut hast.“
„Zähne?“ „Jawohl, Zähne! Die aus meiner Sammlung!“
„Ach, diiiiiie“, sagte Affi. „Die hab ich mir ausgeliehen, um ein künstliches Gebiss zu basteln.“„Was?!“„Mit Knete.“„Affi!“
„Und Sekundenkleber.“
Jules Haut juckte wie blöd. Sie stieß einen langen, lauten Schrei aus.

5 Jules Mutter ist Psychologin und findet es wichtig, dass die beiden Schwestern bei Streit über ihre Gefühle sprechen.

a) Tauscht euch darüber aus, was Jule vermutlich fühlt.

b) Vergleicht eure Vermutung mit dem Textabschnitt.

Jules Haut brannte. Vielleicht wurde es wirklich Zeit, einige ihrer Gefühle beim Namen zu nennen. „Wenn Affi“, presste sie hervor, „sich immer wieder und wieder und wieder, ohne zu fragen, meine Sachen holt, dann fühle ich, dass ich ihr wahnsinnig gern eine reinsemmeln würde.“ „Julia!“, rief Mama. „Das ist wirklich nicht der Sinn dieser Übung.“

Marianne Musgrove

c) Überlegt gemeinsam, wie das Gespräch weitergehen könnte. Findet eine Lösung, mit der alle zufrieden sind. Spielt die Situation nach.

8 Vermutungen zum Textinhalt anstellen

Kai, die Hauptperson aus „Coolman und ich“, steckt zu Beginn der Geschichte in einer äußerst unangenehmen Situation.

1. Betrachte das Cover. Vermute, wie Kai in diese Situation hineingeraten sein könnte.

2. Vermute, wer Kais Freund COOLMAN sein könnte.

3. Lies den Text.

Darf ich vorstellen? Der lebensmüde Typ mit der Trompete neben mir hört auf den Namen COOLMAN. COOLMAN begleitet mich, seit ich vier bin. Aber nur ich kann ihn sehen. Für alle anderen ist er unsichtbar und das ist auch besser so. Es reicht, dass er mein Leben zu einer endlosen Abfolge von immer katastrophaleren Katastrophen macht. Und – Überraschung, Überraschung! – COOLMAN ist auch schuld daran, dass ich in diesem stinkenden Container sitze und meinem Ende entgegenrase.

Eigentlich hatte der Tag ganz gut begonnen. Ein guter Kai-Tag ist einer, der ohne größere Schicksalsschläge vorübergeht und an dem sich COOLMAN möglichst selten blicken lässt. Was eigentlich auf dasselbe hinausläuft. Dieser Vormittag war so ein guter Kai-Tag. Die Sonne schien, ich war in der Schule nicht komisch aufgefallen und auch COOLMAN verhielt sich still und unauffällig. Er mag die Schule nicht, genau wie ich. Das ist aber auch schon das Einzige, was uns beide verbindet.

Drei Gründe, warum COOLMAN die Schule nicht mag:
1) Er kann nicht rechnen.
2) Er kann nicht schreiben.
3) Ich habe während des Unterrichts keine Zeit für ihn.

Drei Gründe, warum ich die Schule nicht mag:
1) Sie beginnt zu früh.
2) Sie dauert zu lange.
3) Ich kenne da noch nicht so viele Leute, weil wir gerade erst hierhergezogen sind.

→ AH Seite 63

8

Okay, COOLMAN hat recht. Also, mit den Leuten, nicht der 45. Ich kenne hier tatsächlich noch niemanden, sonst säße ich auch nicht in diesem blöden Container. Wenn ich die beiden Jungs gekannt hätte, die auf der Parkbank vor unserer Schule saßen, dann hätte ich die Klappe gehalten, als sie mir ein Bein gestellt haben. Ich wäre einfach aufgestanden und hätte kein Wort gesagt. Außer vielleicht: „'tschuldigung, dass ich über eure Füße gestolpert bin."

Mein größter Fehler: Ich höre zu oft auf COOLMANS Ratschläge. „Wenn ihr groß seid, dürft ihr meinen Porsche waschen", habe ich gesagt, weil ich das mit dem Ferrari etwas übertrieben fand.
Ich wusste ja nicht, dass die beiden die schlimmsten Schläger der ganzen Schule sind. Gefährliche Typen, denen man AUF GAR KEINEN FALL einen frechen Spruch reindrücken sollte.
Um es kurz zu machen: Die zwei haben mich gepackt, kopfüber in den gelben Container gestopft und auf die Straße geschoben. Das war schlimm, aber noch nicht besorgniserregend. Besorgniserregend war, dass unsere Schule ganz, ganz oben auf dem Berg liegt, den ich jetzt in dem gelben Plastikcabrio mit einem Affenzahn hinunterrase.

Bertram & Schulmeyer

4 Tauscht euch darüber aus, was ihr schon über Kai und COOLMAN erfahren habt. Überlegt, ob ihr auch gern einen unsichtbaren Begleiter oder eine unsichtbare Begleiterin hättet. Beschreibt, wie er oder sie sein sollte.

5 Betrachtet das Bild. Vermutet, was in der Zwischenzeit noch alles passiert sein könnte.

8 Sich Gedanken zu einem Text machen

Ohne Coolmans Begleitung wäre Kai eigentlich ein ganz normaler Junge.
Aber da sind ja auch noch Kais Eltern.

1 Lies Kais Gedanken über seine Eltern.

Ich versuche, unbemerkt in mein Zimmer zu gelangen. Als ich mich an der Küchentür vorbeischleiche, sehe ich, wie meine Mutter und mein Vater an der Spüle stehen und knutschen. Das tun sie ständig, auch wenn sie nicht gerade für ihre neuen Rollen üben. Meine Eltern lieben sich auch nach zwanzig Jahren noch heiß und innig und das ist noch viel peinlicher als die Schaukel und der Tonhaufen im Vorgarten. Ständig halten sie Händchen und geben sich Küsschen, als wären sie frisch verliebte Teenager. Die meisten meiner alten Schulkameraden in den tausend Klassen, die ich schon besucht habe, hatten da mehr Glück. Deren Eltern waren geschieden.

2 Kai glaubt, man hätte Vorteile, wenn die Eltern geschieden sind.

a) Überlege: Welche Vorteile könnten das sein?

b) Lies weiter und ergänze, was Kai dazu schreibt.

Heft 4, S. 64 ②
a) ...

Die fahren im Sommer zweimal in den Urlaub und zum Geburtstag kriegen sie doppelt Geschenke. Das Beste aber ist: Man kann Mama und Papa toll gegeneinander ausspielen, weil sie sich sowieso nicht mehr leiden können.

Bei meinen Eltern funktioniert das nicht. Die sind immer einer Meinung. Immer. Auch jetzt. Sie haben kurz mit ihrer Knutscherei aufgehört und mich in den nassen Sachen im Flur entdeckt.
„Zieh dich sofort um! Du holst dir noch den Tod", rufen sie gleichzeitig, und es ist wirklich beeindruckend, wie sie es schaffen, zeitgleich genau dasselbe zu sagen.

Bertram & Schulmeyer

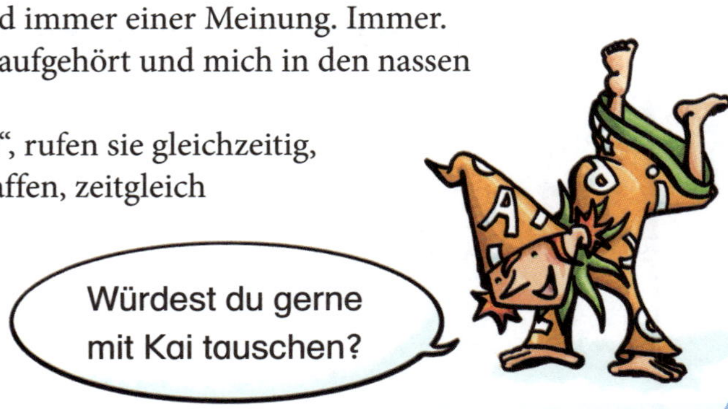

3 Beschreibe die Beziehung von Kais Eltern in einigen Sätzen.

Heft 4, S. 64 ③
...

8 Eine Diskussion über einen Text führen

Eine **Diskussion** ist ein Gespräch, bei dem jeder Gesprächspartner seine **Meinung** zu einem Thema **sachlich vertritt**.

1 Lies den Zeitungsartikel.

Eine für alle

In Deutschland wird über das Thema Schuluniform viel gesprochen. In anderen Ländern, wie beispielsweise Australien, Japan oder Mexiko, ist das Tragen dieser Uniformen hingegen ganz alltäglich.
Hier verlassen alle Schüler mit einheitlicher Schulkleidung morgens das Haus. Je nach Schule und Land tragen Jungen lange oder kurze Hosen mit T-Shirt oder Hemd, dazu einheitliche Socken und meist schwarze Schuhe. Die Mädchen haben stattdessen Kleider oder Röcke mit passenden Blusen an. In kühlen Ländern, wie z. B. Großbritannien, tragen die

Schüler noch ein Jackett* darüber. Selbst Halstücher, Haarbänder oder Krawatten gehören in vielen Ländern zur Schuluniform.

* Jackett: Anzugjacke

2 Es gibt Gründe für und gegen das Tragen von Schuluniformen.

a) Ordne die Aussagen.

Heft 4, S. 65 ②

Dafür (pro)	Dagegen (kontra)
…	…

Der Zusammenhalt der Schüler wird gestärkt.

An der Kleidung erkennt man, wer auf eine einfache oder bessere Schule geht.

Man sieht nicht, welche Familien viel oder wenig Geld besitzen.

Man darf nicht mehr selbst über seine Kleidung entscheiden.

b) Ergänze gemeinsam mit einem Partnerkind die Tabelle.

3 Sucht euch eine andere Zweiergruppe und diskutiert über das Thema Schuluniform.

8 Sich eine eigene Meinung bilden

1 Tausche dich mit einem Partnerkind aus.

a) Was wisst ihr über Wölfe?

b) Welche Märchen oder Geschichten kennt ihr, in denen Wölfe vorkommen?

c) Welche Eigenschaften werden Wölfen zugeschrieben?

2 Lest die Überschriften. Seht euch die Bilder an.
Vermutet, worum es in dem Text geht.

Wölfe kehren zurück nach Deutschland

Wölfe, die kennt man meist nur aus dem Tierpark oder aus Filmen. Aber es gibt sie in Deutschland auch in freier Natur. Insgesamt sind es wohl um die 200 bis 300 Wölfe, schätzen Tierschützer. Für sie ist das eine tolle Sache. Denn lange Zeit waren Wölfe aus Deutschland verschwunden.

Nach langer Zeit wieder sicher

„Wölfe gehörten früher wie Wildschweine oder Füchse zu den heimischen Wildtieren", erklärt die Biologin Vanessa Ludwig. „Aber die Menschen machten Jagd auf die Wölfe. So lange, bis sie vor 150 Jahren schließlich ganz ausgerottet waren."

Doch seit dem Jahr 1990, also seit mehr als 20 Jahren, dürfen Wölfe in ganz Deutschland nicht mehr gejagt werden. So kam es, dass die Tiere in ihre alte Heimat zurückkehrten. Zum Beispiel aus unserem Nachbarland Polen, wo immer Wölfe gelebt hatten.

Rudel ist die Familie

Wölfe leben in Rudeln zusammen. Ein Rudel besteht aus den Eltern und den Jungtieren, die in den letzten ein bis zwei Jahren geboren wurden. Mit etwa zwei Jahren heißt es dann für einen jungen Wolf: Abschied nehmen von der Familie!

Die Jungtiere ziehen einzeln los und suchen sich ein eigenes Revier. Dabei halten sie auch nach einem Partner Ausschau. Haben sie beides gefunden, lassen sie sich nieder und gründen eine eigene Familie.

Erster Wolfswelpe geboren

Von Grenzen zwischen den Ländern lassen Wölfe sich dabei nicht aufhalten. Sie traben einfach durch Wälder und über Felder und bleiben dort, wo es ihnen gefällt. Seit sie nicht mehr gejagt werden dürfen, haben die Wölfe bei uns eine gute Überlebenschance. „Wölfe können sich gut anpassen. Sie brauchen keine Wildnis, sondern können auch zwischen Feldern und Wiesen überleben“, erklärt Vanessa Ludwig.

Im Jahr 2000 gab es dann auch tatsächlich wieder eine Wolfsgeburt in Deutschland: Eine Wölfin brachte in der Oberlausitz im Bundesland Sachsen vier Welpen zur Welt.

Es gibt auch Gegner

Doch nicht alle Menschen sind von der Rückkehr der Wölfe begeistert. In der Tat verursachen sie einige Probleme. Zum Beispiel verputzen Wölfe auch gern mal Schafe oder Ziegen, die von Menschen gehalten werden. Für die Besitzer ist das ein Problem.

„Man kann nicht ganz verhindern, dass das ab und zu passiert“, sagt Vanessa Ludwig. „Aber man kann es den Wölfen schwer machen, zum Beispiel indem man geeignete Zäune aufstellt.“ Doch Zäune halten die Wölfe nicht immer ab. Sie springen wohl darüber oder graben sich drunter durch.

Was kann man tun, damit alle zufrieden sind? Auf diese Frage müssen Experten gemeinsam in den nächsten Jahren eine Antwort finden. Die Wölfe einfach wieder zu vertreiben, ist sicher keine gute Lösung.

Annika Leister

3 Lest die Textabschnitte und überlegt gemeinsam.

a) Wer steht der Rückkehr der Wölfe positiv gegenüber?

b) Wer möchte lieber keine Wölfe in Deutschland haben und warum?

4 Erkläre einem Partnerkind deine Meinung dazu. Begründe.

8 Über das eigene Lernen nachdenken

Stelle deine Lernraupe fertig.
Suche dir jemanden aus,
mit dem du deine Lernraupe
besprechen willst.

Ende:

Autorenlexikon

Bertram, Rüdiger (*31.05.1967)

Rüdiger Bertram wurde in Ratingen geboren. Nach seinem Studium arbeitete er als freier Journalist und Schriftsteller. Er schreibt Kurzgeschichten und Drehbücher für Film und Fernsehen. Neben „Coolman und ich" hat er noch weitere erfolgreiche Kinderbücher veröffentlicht. Bevor er diese dem Verlag übergibt, lässt er sie seinen Sohn Probe lesen. „Bei ‚Coolman und ich' war ich immer heilfroh, wenn er an den richtigen Stellen gelacht hat", berichtet Bertram in einem Interview.

Weitere Werke: *Jacob, der Superkicker; Maltes großer Auftritt; Die Jungs vom S.W.A.P.*

Bydlinski, Georg (*30.05.1956)

Georg Bydlinski wurde in Graz (Österreich) geboren. Er studierte Anglistik und Religionspädagogik an der Wiener Universität. Seit 1982 ist er freier Schriftsteller, er hat bisher rund 70 Bücher veröffentlicht und wurde für seine Arbeiten mehrfach ausgezeichnet. Mittlerweile hat er mehr als 5000 Lesungen für Kinder und Erwachsene gehalten. Seine Bücher wurden in verschiedene Sprachen übersetzt.

Weitere Werke: *Der Zapperdockel und der Wock; Das Gnu im linken Fußballschuh*

Donnelly, Elfie (*14.01.1950)

Elfie Donnelly wurde in London geboren. Ihr Vater ist Engländer, ihre Mutter Österreicherin. Als Kind zog Elfie mit ihren Eltern nach Wien. Früh begann sie dort mit der Arbeit als Journalistin. Mit 23 Jahren zog sie nach Berlin um und heiratete Peter Lustig aus der TV-Serie Löwenzahn. Für ihr erstes Buch „Servus Opa, sagte ich leise" erhielt sie den Deutschen Jugendliteraturpreis. Neben zahlreichen Büchern verfasste sie auch Drehbücher und Hörspiele, wie z. B. „Benjamin Blümchen" und „Bibi Blocksberg".

Weitere Werke: *Katzen für Mallorca; Elea Eluanda; Willi Wau: Der allerbeste Polizist*

Funke, Cornelia (*10.12.1958)

Cornelia Funke wurde in Dorsten (Nordrhein-Westfalen) geboren. Als Kind wollte sie Astronautin oder Pilotin werden oder zu den Indianern ziehen. Nach dem Abitur arbeitete Cornelia Funke in Hamburg auf einem Bauspielplatz. Nebenher studierte sie Buchillustration. So kam sie mit 35 Jahren selbst zum Schreiben und verfasste 1988 ihr erstes Buch „Die große Drachensuche". Mit dem Buch „Herr der Diebe" gelang ihr international der Durchbruch. Inzwischen wurden ihre Kinder- und Jugendromane in 37 Sprachen übersetzt. Seit 2002 lebt Cornelia Funke mit ihrer Familie in Los Angeles, USA.

Weitere Werke: *Die wilden Hühner; Potilla; Kein Keks für Kobolde*

→ AH Seite 39

Autorenlexikon

Guggenmos, Josef (*02.07.1922, †25.09.2003)

Josef Guggenmos war einer der bedeutendsten deutschen Autoren. Er wurde im Allgäu geboren. Sein Vater war Pfleger in einem Benediktinerkloster und seine Mutter war Schneiderin. Neben seinen vielen Gedichten verfasste Josef Guggenmos Geschichten und naturkundliche Bücher für Kinder. 1967 schrieb er den Gedichtband „Was denkt die Maus am Donnerstag". Dieses Buch machte ihn berühmt und er erhielt dafür den Deutschen Jugendbuchpreis. Viele weitere Preise folgten.

Weitere Werke: *Die Tiere feiern Karneval; Leselöwen-Rätselgeschichten*

Kästner, Erich (*23.2.1899, †29.7.1974)

Erich Kästner wurde in Dresden geboren. Weil das Geld bei den Kästners oft knapp war, vermietete die Familie zwei ihrer drei Zimmer an Untermieter. Das war für den kleinen Erich ein Glücksfall, denn fast alle Mieter waren Lehrer und gaben ihm Bücher zu lesen. Schnell zeigte sich, dass er sehr begabt war. Er beschloss, selbst Lehrer zu werden. Doch ein sehr strenger Lehrer, wie es damals üblich war, wollte er nicht sein. In seinem Werk „Das fliegende Klassenzimmer" setzt er den verständnisvollen Lehrern ein Denkmal. So wäre er gerne selbst als Lehrer gewesen. Im Juli 1974 starb Erich Kästner in München.

Weitere Werke: *Das Schwein beim Friseur; Pünktchen und Anton; Das doppelte Lottchen*

Lindgren, Astrid (*14.11.1907, †28.1.2002)

Die wohl bekannteste Kinderbuchautorin der Welt wurde in Schweden geboren. Sie hat über siebzig Kinder- und Jugendbücher geschrieben, die in sechzig Sprachen übersetzt wurden. Als ihre Tochter Karin einmal krank war, erzählte sie ihr von Pippi Langstrumpf. Später schrieb sie die Geschichte auf. Die Bücher über Michel aus Lönneberga haben ihr am meisten Spaß gemacht. „Als ich das letzte Kapitel schrieb, habe ich geweint. Es war ein schreckliches Gefühl, dass ich Michel nie mehr wiedertreffen sollte." Für ihre Werke erhielt sie zahlreiche Literaturpreise. Sogar ein Weltraum-Asteroid erhielt ihren Namen.

Weitere Werke: *Ronja Räubertochter; Ferien auf Saltkrokan; Wir Kinder aus Bullerbü; Karlsson vom Dach; Die Brüder Löwenherz*

Musgrove, Marianne (*1972)

Marianne Musgrove, in Sydney (Australien) geboren, studierte Englisch, Rechtswissenschaften und Sozialarbeit. Ihr Traum war aber schon immer, einmal Autorin zu werden: Ihr erstes Buch, einen romantischen Thriller, schrieb sie schon im Alter von elf Jahren. Bevor sie Schriftstellerin wurde, arbeitete sie in den verschiedensten Jobs, wie z. B. als Tomatenpflückerin, Museumsführerin für Kinder und als Sozialarbeiterin. Als sie ihr erstes Kinderbuch „Der Wunschzauberbaum" veröffentlichte, wurde es mehrfach für Preise vorgeschlagen und 2008 ausgezeichnet.

Weitere Werke: *Als Opa alles auf den Kopf stellte*

→ AH Seite 39

Autorenlexikon

Bertram, Rüdiger (*31.05.1967)

Rüdiger Bertram wurde in Ratingen geboren. Nach seinem Studium arbeitete er als freier Journalist und Schriftsteller. Er schreibt Kurzgeschichten und Drehbücher für Film und Fernsehen. Neben „Coolman und ich" hat er noch weitere erfolgreiche Kinderbücher veröffentlicht. Bevor er diese dem Verlag übergibt, lässt er sie seinen Sohn Probe lesen. „Bei ‚Coolman und ich' war ich immer heilfroh, wenn er an den richtigen Stellen gelacht hat", berichtet Bertram in einem Interview.

Weitere Werke: *Jacob, der Superkicker; Maltes großer Auftritt; Die Jungs vom S.W.A.P.*

Bydlinski, Georg (*30.05.1956)

Georg Bydlinski wurde in Graz (Österreich) geboren. Er studierte Anglistik und Religionspädagogik an der Wiener Universität. Seit 1982 ist er freier Schriftsteller, er hat bisher rund 70 Bücher veröffentlicht und wurde für seine Arbeiten mehrfach ausgezeichnet. Mittlerweile hat er mehr als 5000 Lesungen für Kinder und Erwachsene gehalten. Seine Bücher wurden in verschiedene Sprachen übersetzt.

Weitere Werke: *Der Zapperdockel und der Wock; Das Gnu im linken Fußballschuh*

Donnelly, Elfie (*14.01.1950)

Elfie Donnelly wurde in London geboren. Ihr Vater ist Engländer, ihre Mutter Österreicherin. Als Kind zog Elfie mit ihren Eltern nach Wien. Früh begann sie dort mit der Arbeit als Journalistin. Mit 23 Jahren zog sie nach Berlin um und heiratete Peter Lustig aus der TV-Serie Löwenzahn. Für ihr erstes Buch „Servus Opa, sagte ich leise" erhielt sie den Deutschen Jugendliteraturpreis. Neben zahlreichen Büchern verfasste sie auch Drehbücher und Hörspiele, wie z. B. „Benjamin Blümchen" und „Bibi Blocksberg".

Weitere Werke: *Katzen für Mallorca; Elea Eluanda; Willi Wau: Der allerbeste Polizist*

Funke, Cornelia (*10.12.1958)

Cornelia Funke wurde in Dorsten (Nordrhein-Westfalen) geboren. Als Kind wollte sie Astronautin oder Pilotin werden oder zu den Indianern ziehen. Nach dem Abitur arbeitete Cornelia Funke in Hamburg auf einem Bauspielplatz. Nebenher studierte sie Buchillustration. So kam sie mit 35 Jahren selbst zum Schreiben und verfasste 1988 ihr erstes Buch „Die große Drachensuche". Mit dem Buch „Herr der Diebe" gelang ihr international der Durchbruch. Inzwischen wurden ihre Kinder- und Jugendromane in 37 Sprachen übersetzt. Seit 2002 lebt Cornelia Funke mit ihrer Familie in Los Angeles, USA.

Weitere Werke: *Die wilden Hühner; Potilla; Kein Keks für Kobolde*

→ AH Seite 39

Autorenlexikon

Guggenmos, Josef (*02.07.1922, †25.09.2003)

Josef Guggenmos war einer der bedeutendsten deutschen Autoren. Er wurde im Allgäu geboren. Sein Vater war Pfleger in einem Benediktinerkloster und seine Mutter war Schneiderin. Neben seinen vielen Gedichten verfasste Josef Guggenmos Geschichten und naturkundliche Bücher für Kinder. 1967 schrieb er den Gedichtband „Was denkt die Maus am Donnerstag“. Dieses Buch machte ihn berühmt und er erhielt dafür den Deutschen Jugendbuchpreis. Viele weitere Preise folgten.

Weitere Werke: *Die Tiere feiern Karneval; Leselöwen-Rätselgeschichten*

Kästner, Erich (*23.2.1899, †29.7.1974)

Erich Kästner wurde in Dresden geboren. Weil das Geld bei den Kästners oft knapp war, vermietete die Familie zwei ihrer drei Zimmer an Untermieter. Das war für den kleinen Erich ein Glücksfall, denn fast alle Mieter waren Lehrer und gaben ihm Bücher zu lesen. Schnell zeigte sich, dass er sehr begabt war. Er beschloss, selbst Lehrer zu werden. Doch ein sehr strenger Lehrer, wie es damals üblich war, wollte er nicht sein. In seinem Werk „Das fliegende Klassenzimmer“ setzt er den verständnisvollen Lehrern ein Denkmal. So wäre er gerne selbst als Lehrer gewesen. Im Juli 1974 starb Erich Kästner in München.

Weitere Werke: *Das Schwein beim Friseur; Pünktchen und Anton; Das doppelte Lottchen*

Lindgren, Astrid (*14.11.1907, †28.1.2002)

Die wohl bekannteste Kinderbuchautorin der Welt wurde in Schweden geboren. Sie hat über siebzig Kinder- und Jugendbücher geschrieben, die in sechzig Sprachen übersetzt wurden. Als ihre Tochter Karin einmal krank war, erzählte sie ihr von Pippi Langstrumpf. Später schrieb sie die Geschichte auf. Die Bücher über Michel aus Lönneberga haben ihr am meisten Spaß gemacht. „Als ich das letzte Kapitel schrieb, habe ich geweint. Es war ein schreckliches Gefühl, dass ich Michel nie mehr wiedertreffen sollte.“ Für ihre Werke erhielt sie zahlreiche Literaturpreise. Sogar ein Weltraum-Asteroid erhielt ihren Namen.

Weitere Werke: *Ronja Räubertochter; Ferien auf Saltkrokan; Wir Kinder aus Bullerbü; Karlsson vom Dach; Die Brüder Löwenherz*

Musgrove, Marianne (*1972)

Marianne Musgrove, in Sydney (Australien) geboren, studierte Englisch, Rechtswissenschaften und Sozialarbeit. Ihr Traum war aber schon immer, einmal Autorin zu werden: Ihr erstes Buch, einen romantischen Thriller, schrieb sie schon im Alter von elf Jahren. Bevor sie Schriftstellerin wurde, arbeitete sie in den verschiedensten Jobs, wie z. B. als Tomatenpflückerin, Museumsführerin für Kinder und als Sozialarbeiterin. Als sie ihr erstes Kinderbuch „Der Wunschzauberbaum“ veröffentlichte, wurde es mehrfach für Preise vorgeschlagen und 2008 ausgezeichnet.

Weitere Werke: *Als Opa alles auf den Kopf stellte*

→ AH Seite 39

Autorenlexikon

Bertram, Rüdiger (*31.05.1967)

Rüdiger Bertram wurde in Ratingen geboren. Nach seinem Studium arbeitete er als freier Journalist und Schriftsteller. Er schreibt Kurzgeschichten und Drehbücher für Film und Fernsehen. Neben „Coolman und ich" hat er noch weitere erfolgreiche Kinderbücher veröffentlicht. Bevor er diese dem Verlag übergibt, lässt er sie seinen Sohn Probe lesen. „Bei ‚Coolman und ich' war ich immer heilfroh, wenn er an den richtigen Stellen gelacht hat", berichtet Bertram in einem Interview.

Weitere Werke: *Jacob, der Superkicker; Maltes großer Auftritt; Die Jungs vom S.W.A.P.*

Bydlinski, Georg (*30.05.1956)

Georg Bydlinski wurde in Graz (Österreich) geboren. Er studierte Anglistik und Religionspädagogik an der Wiener Universität. Seit 1982 ist er freier Schriftsteller, er hat bisher rund 70 Bücher veröffentlicht und wurde für seine Arbeiten mehrfach ausgezeichnet. Mittlerweile hat er mehr als 5000 Lesungen für Kinder und Erwachsene gehalten. Seine Bücher wurden in verschiedene Sprachen übersetzt.

Weitere Werke: *Der Zapperdockel und der Wock; Das Gnu im linken Fußballschuh*

Donnelly, Elfie (*14.01.1950)

Elfie Donnelly wurde in London geboren. Ihr Vater ist Engländer, ihre Mutter Österreicherin. Als Kind zog Elfie mit ihren Eltern nach Wien. Früh begann sie dort mit der Arbeit als Journalistin. Mit 23 Jahren zog sie nach Berlin um und heiratete Peter Lustig aus der TV-Serie Löwenzahn. Für ihr erstes Buch „Servus Opa, sagte ich leise" erhielt sie den Deutschen Jugendliteraturpreis. Neben zahlreichen Büchern verfasste sie auch Drehbücher und Hörspiele, wie z. B. „Benjamin Blümchen" und „Bibi Blocksberg".

Weitere Werke: *Katzen für Mallorca; Elea Eluanda; Willi Wau: Der allerbeste Polizist*

Funke, Cornelia (*10.12.1958)

Cornelia Funke wurde in Dorsten (Nordrhein-Westfalen) geboren. Als Kind wollte sie Astronautin oder Pilotin werden oder zu den Indianern ziehen. Nach dem Abitur arbeitete Cornelia Funke in Hamburg auf einem Bauspielplatz. Nebenher studierte sie Buchillustration. So kam sie mit 35 Jahren selbst zum Schreiben und verfasste 1988 ihr erstes Buch „Die große Drachensuche". Mit dem Buch „Herr der Diebe" gelang ihr international der Durchbruch. Inzwischen wurden ihre Kinder- und Jugendromane in 37 Sprachen übersetzt. Seit 2002 lebt Cornelia Funke mit ihrer Familie in Los Angeles, USA.

Weitere Werke: *Die wilden Hühner; Potilla; Kein Keks für Kobolde*

→ AH Seite 39

Autorenlexikon

Guggenmos, Josef (*02.07.1922, †25.09.2003)

Josef Guggenmos war einer der bedeutendsten deutschen Autoren. Er wurde im Allgäu geboren. Sein Vater war Pfleger in einem Benediktinerkloster und seine Mutter war Schneiderin. Neben seinen vielen Gedichten verfasste Josef Guggenmos Geschichten und naturkundliche Bücher für Kinder. 1967 schrieb er den Gedichtband „Was denkt die Maus am Donnerstag". Dieses Buch machte ihn berühmt und er erhielt dafür den Deutschen Jugendbuchpreis. Viele weitere Preise folgten.

Weitere Werke: *Die Tiere feiern Karneval; Leselöwen-Rätselgeschichten*

Kästner, Erich (*23.2.1899, †29.7.1974)

Erich Kästner wurde in Dresden geboren. Weil das Geld bei den Kästners oft knapp war, vermietete die Familie zwei ihrer drei Zimmer an Untermieter. Das war für den kleinen Erich ein Glücksfall, denn fast alle Mieter waren Lehrer und gaben ihm Bücher zu lesen. Schnell zeigte sich, dass er sehr begabt war. Er beschloss, selbst Lehrer zu werden. Doch ein sehr strenger Lehrer, wie es damals üblich war, wollte er nicht sein. In seinem Werk „Das fliegende Klassenzimmer" setzt er den verständnisvollen Lehrern ein Denkmal. So wäre er gerne selbst als Lehrer gewesen. Im Juli 1974 starb Erich Kästner in München.

Weitere Werke: *Das Schwein beim Friseur; Pünktchen und Anton; Das doppelte Lottchen*

Lindgren, Astrid (*14.11.1907, †28.1.2002)

Die wohl bekannteste Kinderbuchautorin der Welt wurde in Schweden geboren. Sie hat über siebzig Kinder- und Jugendbücher geschrieben, die in sechzig Sprachen übersetzt wurden. Als ihre Tochter Karin einmal krank war, erzählte sie ihr von Pippi Langstrumpf. Später schrieb sie die Geschichte auf. Die Bücher über Michel aus Lönneberga haben ihr am meisten Spaß gemacht. „Als ich das letzte Kapitel schrieb, habe ich geweint. Es war ein schreckliches Gefühl, dass ich Michel nie mehr wiedertreffen sollte." Für ihre Werke erhielt sie zahlreiche Literaturpreise. Sogar ein Weltraum-Asteroid erhielt ihren Namen.

Weitere Werke: *Ronja Räubertochter; Ferien auf Saltkrokan; Wir Kinder aus Bullerbü; Karlsson vom Dach; Die Brüder Löwenherz*

Musgrove, Marianne (*1972)

Marianne Musgrove, in Sydney (Australien) geboren, studierte Englisch, Rechtswissenschaften und Sozialarbeit. Ihr Traum war aber schon immer, einmal Autorin zu werden: Ihr erstes Buch, einen romantischen Thriller, schrieb sie schon im Alter von elf Jahren. Bevor sie Schriftstellerin wurde, arbeitete sie in den verschiedensten Jobs, wie z. B. als Tomatenpflückerin, Museumsführerin für Kinder und als Sozialarbeiterin. Als sie ihr erstes Kinderbuch „Der Wunschzauberbaum" veröffentlichte, wurde es mehrfach für Preise vorgeschlagen und 2008 ausgezeichnet.

Weitere Werke: *Als Opa alles auf den Kopf stellte*

→ AH Seite 39

Autorenlexikon

Naoura, Salah (* 1964)

Salah Naoura, geboren in Berlin, wo er heute auch lebt, studierte Germanistik und Skandinavistik in Berlin und Stockholm. Er arbeitet seit 1995 als freier Übersetzer und Autor, veröffentlichte mehrere Bilderbücher und Erstlesebücher.
Für seine Übersetzungen wurde er mehrfach ausgezeichnet.

Weitere Werke: *Konrad, Krax und das Zeichen der Zebrafrösche; Herr Rot in Not*

Nöstlinger, Christine (* 13. 10. 1936)

Christine Nöstlinger zählt mit über einhundert Büchern zu den bekanntesten deutschsprachigen Kinderbuchautoren. Sie ist Österreicherin und wurde in Wien geboren.
Nach dem Studium arbeitete sie als Grafikerin und schrieb für Zeitungen und Magazine kurze Artikel. Ihr erstes Buch „Die feuerrote Friederike“ schrieb sie mit 34 Jahren.
Auch die Bilder zeichnete sie dabei selbst. Wie Christine Nöstlinger ihre Bücher für Kinder und Jugendliche schreibt, erklärt sie so: „Ich habe gewisse Vermutungen darüber, was Kinder lesen wollen, und gewisse Vermutungen, was Kinder lesen sollten. Und dann habe ich noch das dringende Bedürfnis, mir gewisse Dinge von der Seele zu schreiben.
Und die feste Überzeugung, dass Kinder beim Lesen gern lachen, die habe ich auch.
Aus diesen vier Komponenten mische ich üblicherweise meine Bücher zusammen.“

Weitere Werke: *Wir pfeifen auf den Gurkenkönig; Geschichten vom Franz; Das Austauschkind*

Scheunemann, Frauke (* 1969)

Frauke Scheunemann, geboren in Düsseldorf, ist promovierte Juristin. Sie absolvierte ein Volontariat beim NDR und arbeitete anschließend als Journalistin und Pressesprecherin.
Seit 2002 ist sie freie Autorin. Ihre Romane um den kleinen Dackel Herkules waren monatelang auf der Spiegel-Bestsellerliste. Frauke Scheunemann ist verheiratet und lebt mit ihrem Mann, ihren vier Kindern und dem kleinen Hund Elmo in Hamburg.

Weitere Werke: *Ziemlich unverbesserlich; Dackelblick; Winston – Agent auf leisen Pfoten*

Steinhöfel, Andreas (* 14. 01. 1962)

Andreas Steinhöfel wuchs in Hessen auf. Eigentlich wollte er Biologie- und Englischlehrer werden. Zum Schreiben kam er, als er ein Kinderbuch gelesen hatte, das ihm gar nicht gefiel. Kurzerhand beschloss er, selbst ein Buch zu schreiben. Heute schreibt er nicht nur tolle Kinder- und Jugendbücher, sondern auch Drehbücher, wie z. B. für den „Käpt'n Blaubär Club“, für einige Folgen von „Löwenzahn“ oder für Folgen von „Urmel aus dem Eis“. Viele seiner Bücher wurden verfilmt oder an deutschen Theatern gespielt.

Weitere Werke: *Rico, Oskar und das Herzgebreche; Beschützer der Diebe; Froschmaul*

→ AH Seite 39

Einsterns Schwester 4

Themenheft 4
Lesen – mit Texten und weiteren Medien umgehen

Herausgegeben von: Roland Bauer, Jutta Maurach

Erarbeitet von: Wiebke Gerstenmaier, Sonja Grimm

Begutachtung: Katrin und Peter Bertram (Mühlenbeck), Maire Büntemeyer (Syke), Angelika Fischer (Weiterstadt), Claudia Hoeschen (Kappeln), Sybille Maier-Alvarez del Cid (Achern), Julia Schäfer (Gießen)

Redaktion: Sabine Gerber, Mirjam Löwen

Illustration: Yo Rühmer, Frankfurt am Main

Umschlaggestaltung: Cornelia Gründer, agentur corngreen, Leipzig

Layout und technische Umsetzung: lernsatz.de

www.cornelsen.de

1. Auflage, 1. Druck 2017

Alle Drucke dieser Auflage sind inhaltlich unverändert
und können im Unterricht nebeneinander verwendet werden.

Druck: Parzeller print & media GmbH & Co. KG, Fulda

ISBN 978-3-06-083582-9 (Themenheft Leihmaterial)
ISBN 978-3-06-081200-4 (E-Book Leihmaterial)

Dieses Heft ist Bestandteil des Pakets „Einsterns Schwester 4“ (ISBN 978-3-06-083578-2) und kann auch einzeln bestellt werden.

PEFC/04-31-1308

PEFC zertifiziert
Dieses Produkt stammt aus nachhaltig bewirtschafteten Wäldern und kontrollierten Quellen.

www.pefc.de